Šlovinimas dvasia ir tiesa

Dvasinis garbinimas

Dr. Jaerock Lee

„Bet ateis valanda jau dabar ji yra,
kai tikrieji garbintojai
šlovins Tėvą dvasia ir tiesa.
Ir pats Tėvas tokių garbintojų ieško.
Dievas yra dvasia, ir jo garbintojai
turi šlovinti jį dvasia ir tiesa."
(Evangelija pagal Joną 4, 23-24)

Šlovinimas dvasia ir tiesa by Dr. Jaerock Lee
Published by Urim Books (Representative: Johnny. H. Kim)
235-3, Guro-dong 3, Guro-gu, Seoul, Korea
www.urimbooks.com

Visos teisės saugomos. Šios knygos ar jos dalių panaudojimas bet kokia forma, saugoma paieškos sistemoje, arba perduodama bet kokia forma ir bet kokiomis priemonėmis – elektroninėmis, mechaninėmis, fotokopijų, įrašų ar kitomis – be išankstinio raštiško leidėjo sutikimo yra draudžiamas.

Visos Šventojo Rašto citatos, jeigu nenurodyta kitaip, paimtos iš tinklavietės RUBŠIO IR KAVALIAUSKO BIBLIJA, LBD ekumeninis leidimas 1999 m.
© Lietuvos Biblijos draugija, 1999.
© Lietuvos Vyskupų Konferencija, 1999.

Copyright © 2012 by Dr. Jaerock Lee
ISBN: 89-7557-060-6
Translation Copyright © 2012 by Dr. Esther K. Chung. Used by permission.

Pirmas leidimas anglų kalba išleistas 2012 metų lapkritį

Urim Books išleista korėjiečių kalba 1992 m. Seule, Korėjoje

Redaktorė Dr. Geumsun Vin
Leidėjas Editorial Bureau of Urim Books
Daugiau informacijos: urimbook@hotmail.com

Įžanga

Akacijos yra įprastas reginys Izraelio dykumose. Šių medžių šaknys pasiekia keliasdešimties metrų gylį, ieškodamos požeminio vandens gyvybei palaikyti. Iš pirmo žvilgsnio akacijos medžiai atrodo tinkami tik malkoms, bet jų mediena kietumu ir patvarumu pranoksta daugumą kitų rūšių medžių.

Dievas įsakė padaryti Sandoros Skrynią iš akacijos medžio, aptraukti auksu ir pastatyti šventų švenčiausiojoje vietoje. Šventų švenčiausioji yra šventa vieta, kurioje Dievas gyvena, ir į kurią gali įžengti tik vyriausiasis kunigas. Lygiai taip pat ir žmogus, įsišaknijęs Dievo žodyje, kuris yra gyvybė, bus ne tik Dievo naudojamas kaip brangus įrankis, bet ir džiaugsis gausiais palaiminimais savo gyvenime.

Jeremijo knygoje 17, 8 parašyta: „Toks žmogus tarsi medis, pasodintas prie vandens, leidžiantis savo šaknis srovės link, nebijantis kaitros, kai ji užeina; jo lapai nuolat žaliuoja, nepabūgsta sausros metų, nenustoja duoti vaisių." „Srovė" čia dvasine prasme reiškia Dievo žodį, ir žmogus, gavęs šiuos palaiminimus, labai brangina bažnyčios susirinkimus, kuriuose skelbiamas Dievo žodis.

Šlovinimas yra ceremonija, kurioje rodoma pagarba ir meilė dievybei. Krikščioniškas šlovinimas yra ceremonija, kurios metu atnešame Dievui savo padėką, pagarbą, gyrių ir šlovę. Dievas ieškojo savo garbintojų dvasia ir tiesa Senojo Testamento laikais ir tebeieško šiandien.

Senojo Testamento Kunigų knyga smulkiai aprašo Dievo garbinimo ceremoniją. Kai kas teigia, kad Kunigų knyga šiandien mums neaktuali, nes joje išdėstytas aukų atnašavimo įstatymas galiojo Senojo Testamento laikais. Tai didžiulė klaida, nes Senojo Testamento įstatymas, apibrėžiantis Dievo garbinimą, ir šiandien yra Dievo garbinimo būdų pagrindas. Kaip Senojo Testamento laikais, taip ir Naujajame Testamente šlovinimas yra kelias į susitikimą su Dievu. Tik vadovaudamiesi Senojo Testamento įstatymu, nurodančiu kaip atnašauti aukas, kurios buvo be ydų, galime šlovinti Dievą dvasia ir tiesa Naujojo Testamento laikais.

Ši knyga gilinasi į skirtingų aukų atnašavimo pamokas ir reikšmę, individualiai analizuodama deginamųjų aukų, javų atnašų, bendravimo atnašų, atnašų už nuodėmę ir atnašų už kaltę svarbą mums, gyvenantiems Naujojo Testamento laikais. Tai padės išsamiai paaiškinti, kaip turime tarnauti Dievui. Kad skaitytojams būtų lengviau suprasti aukų atnašavimo įstatymus, šios knygos iliustracijose pateikti spalvoti Susitikimo Palapinės, šventosios ir šventų švenčiausiosios vietų vidaus bei įvairių įrankių, susijusių su garbinimu, vaizdai.

Dievas sako mums: „Būkite šventi, nes aš esu šventas" (Kunigų knyga 11, 45; Petro pirmas laiškas 1, 16), ir nori, kad visi mes gerai suprastume aukų atnašavimo įstatymus, užrašytus Kunigų knygoje, ir gyventume šventai. Tikiuosi, kad jūs suprasite visus aukų atnašavimo Senojo Testamento laikais ir Dievo garbinimo Naujojo Testamento laikais aspektus. Taip pat viliuosi, kad ištirsite savo Viešpaties garbinimo būdą ir šlovinsite Dievą, kaip Jam patinka.

Meldžiuosi mūsų Viešpaties Jėzaus Kristaus vardu, kad kaip Saliamonas patiko Dievui, atnešęs tūkstantį deginamųjų aukų, taip ir kiekvienas šios knygos skaitytojas būtų naudojamas kaip brangus Dievo įrankis ir kaip medis, pasodintas prie vandens, džiaugtųsi apsčiais palaiminimais bei skleistų meilės ir dėkingumo Dievui kvapą, garbindamas Jį dvasia ir tiesa!

2010 m., vasaris
Dr. Jaerock Lee

Turinys

Šlovinimas dvasia ir tiesa

Inleiding

1 skyrius
Dievui priimtinas dvasinis garbinimas   1

2 skyrius
Senojo Testamento atnašos Kunigų knygoje   17

3 skyrius
Deginamoji auka   43

4 skyrius
Javų atnaša   67

5 skyrius
Bendravimo atnaša   83

6 skyrius
Atnaša už nuodėmę   95

7 skyrius
Atnaša už kaltę   111

8 skyrius
Aukokite savo kūnus kaip gyvą ir šventą auką   123

1 skyrius

Dievui priimtinas dvasinis garbinimas

Dievas yra dvasia, ir jo garbintojai
turi šlovinti jį dvasia ir tiesa.

Evangelija pagal Joną 4, 23-24

1. Aukų atnašavimas Senajame Testamente ir Dievo garbinimas Naujojo Testamento laikais

Pradžioje sukurtas pirmasis žmogus Adomas buvo būtybė, galinti tiesiogiai ir artimai bendrauti su Dievu. Po pasidavimo šėtono gundymui ir nusidėjimo artima Adomo draugystė su Dievu nutrūko. Dievas paruošė Adomui ir jo palikuonims atleidimo ir išgelbėjimo kelią, kad jie atgautų bendravimą su Dievu. Šis kelias, kurį Dievas maloningai parūpino, atskleistas aukų atnašavimo apeigose Senojo Testamento laikais.

Aukų atnašavimas Senojo Testamento laikais buvo ne žmonių sugalvotas. Pats Dievas nustatė ir apreiškė aukojimo apeigas. Kunigų knygoje 1, 1 parašyta: „VIEŠPATS pasišaukė Mozę ir kalbėjo jam iš Susitikimo Palapinės, tardamas..." Taip pat galima nuspėti tai iš aukų, kurias Abelis ir Kainas, Adomo sūnūs, aukojo Dievui (Pradžios knyga 4, 2-4).

Aukojimas vyko, laikantis konkrečių taisyklių, pagal kiekvienos aukos reikšmę. Atnašos buvo suskirstytos į deginamąsias aukas, javų atnašas, bendravimo aukas, aukas už nuodėmę bei atnašas už kaltę, ir priklausomai nuo nuodėmės sunkumo ir aplinkybių žmonės aukojo jaučius, avinėlius, ožius ir miltus. Kunigai, kurie atlikdavo aukojimo apeigas, turėjo pasižymėti santūriu gyvenimu, išmintingu elgesius, vilkėti efodus ir aukoti labai rūpestingai paruoštas aukas pagal nustatytas taisykles, sudėtingas ir griežtas.

Senojo Testamento laikais nusidėjęs žmogus galėjo būti atpirktas tik atnešęs auką už nuodėmę, papjaunant gyvulį, kurio krauju buvo atperkama nuodėmė. Tačiau gyvulių kraujas negalėjo visiškai išvaduoti žmonių iš jų nuodėmių; šios aukos buvo tik laikinas atpirkimas, todėl netobulas, nes visiškai atpirkti žmogų iš nuodėmės įmanoma tik žmogaus gyvybe.

Pirmame laiške korintiečiams 15, 21 parašyta: „Kaip per žmogų atsirado mirtis, taip per žmogų ir mirusiųjų prisikėlimas." Todėl Dievo Sūnus Jėzus atėjo į šį pasaulį kūne ir, būdamas be nuodėmės, praliejo savo kraują ant kryžiaus ir numirė. Kai Jėzus buvo vieną kartą paaukotas (Laiškas hebrajams 9, 28), kraujo aukojimas, reikalavęs laikytis sudėtingų ir griežtų taisyklių, tapo nebereikalingas.

Laiškas hebrajams 9, 11-12 sako: „Kristus, atėjęs kaip būsimųjų gėrybių kunigas, pro aukštesnę ir tobulesnę padangtę, ne rankų darbo, tai yra ne šitos kūrinijos, taip pat ne ožių ar veršių krauju, bet savuoju krauju vieną kartą visiems laikams įžengė į šventovę ir įvykdė amžinąjį atpirkimą." Jėzus Kristus įvykdė amžinąjį atpirkimą.

Per Jėzų Kristų mes nebeaukojame Dievui kraujo aukų, bet ateiname pas Jį, atnešdami gyvą ir šventą auką. Tai Dievo garbinimo apeigos Naujojo Testamento laikais. Jėzus vieną kartą buvo paaukotas už visų laikų nuodėmes, prikaltas prie kryžiaus ir praliedamas savo kraują (Laiškas hebrajams 10, 11-12), todėl širdimi tikėdami, kad esame atpirkti iš nuodėmės ir priimdami Jėzų Kristų gauname nuodėmių atleidimą. Tai ne ceremonija, pabrėžianti darbus, bet iš širdies kylančio tikėjimo parodymas. Taip atnešame Dievui gyvą ir šventą auką, tai dvasinis garbinimas (Laiškas romiečiams 12, 1).

Tai nereiškia, kad Senojo Testamento laikų aukų atnašavimas buvo panaikintas. Senasis Testamentas turi tik būsimųjų gėrybių šešėlį, o Naujasis Testamentas – tikrąjį vaizdą. Kaip ir Įstatymas, aukojimo nuostatai, Dievo duoti Senajame Testamente, buvo Jėzaus tobulai įvykdyti Naujajame Testamente. Naujojo Testamento laikais taisyklių laikymasis pasikeitė į garbinimo apeigas. Kaip Dievas reikalavo aukoti neturinčius trūkumų ir sveikus gyvūnus Senojo Testamento laikais, taip Jam patinka, kai šloviname Jį dvasia ir tiesa Naujojo Testamento laikais. Griežtos taisyklės ir procedūros pabrėžė ne tik išorines ceremonijas, bet ir turėjo labai gilią dvasinę reikšmę. Jos padeda mums ištirti savo požiūrį į Dievo garbinimą.

Pirma, po atsilyginimo ir atsakomybės prisiėmimo darbais už kaltes prieš savo artimus, brolius ir Dievą (atnaša už kaltę), tikintysis turi pažvelgti į savo gyvenimą praėjusią savaitę, išpažinti savo nuodėmes ir prašyti atleidimo (auka už nuodėmę), po to nuoširdžiai šlovinti Dievą su švaria širdimi (deginamoji auka). Kai mes patinkame Dievui, atnešdami labai rūpestingai paruoštas aukas su dėkingumu už jo malonę ir apsaugą per praėjusią savaitę (javų atnaša) ir išsakome Jam savo širdies troškimus (bendravimo auka), Jis duoda, ko trokšta mūsų širdis, ir suteikia stiprybės ir galios nugalėti pasaulį. Dievo garbinimas Naujojo Testamento laikais glaudžiai susijęs su Senojo Testamento aukomis, kurių atnašavimo nuostatai smulkiau išdėstyti nuo trečiojo šios knygos skyriaus.

2. Šlovinimas dvasia ir tiesa

Evangelijoje pagal Joną 4, 23-24 Jėzus sako: „Bet ateis valanda jau dabar ji yra, kai tikrieji garbintojai šlovins Tėvą dvasia ir tiesa. Ir pats Tėvas tokių garbintojų ieško. Dievas yra dvasia, ir jo garbintojai turi šlovinti jį dvasia ir tiesa." Šiuos žodžius Jėzus pasakė moteriai prie šulinio Samarijos mieste Sichare. Moteris paklausė Jėzaus, kuris užkalbino ją paprašydamas vandens, kur reikia garbinti Dievą (Evangelija pagal Joną 4, 19-20).

Žydai atnašavo aukas Jeruzalėje, kur stovėjo Šventykla, o samariečiai – ant Gerizimo kalno, nes tais laikais, kai Izraelis buvo padalintas į dvi dalis, valdant Saliamono sūnui Rehabeamui, izraelitai šiaurėje pasistatė aukštumų alką, kad užkirstų žmonėms kelią į Jeruzalės Šventyklą. Tai žinodama moteris norėjo išsiaiškinti teisingą Dievo garbinimo vietą.

Izraelio tautai Dievo garbinimo vieta buvo labai svarbi. Dievo šlovė buvo Šventykloje, todėl žydai laikė ją pasaulio centru. Tačiau širdies būsena, su kuria šlovinamas Dievas, yra svarbesnė už garbinimo vietą, todėl Jėzus, apsireiškęs Mesijas, atnaujino ir Dievo šlovinimo supratimą.

Ką reiškia „šlovinti dvasia ir tiesa"? „Šlovinti dvasia" reiškia maitintis Dievo žodžio duona iš 66 Biblijos knygų su Šventosios Dvasios įkvėpimu bei pilnatve ir šlovinti Dievą iš širdies gelmių kartu su Šventąja Dvasia, gyvenančia mumyse. „Šlovinimas tiesa" yra teisingas Dievo supratimas ir jo garbinimas visu kūnu, visa širdimi, visa valia ir visu nuoširdumu, atnešant jam džiaugsmą, padėką, maldą, gyrių, gerus darbus ir aukas.

Dievui priimtinas garbinimas priklauso ne nuo mūsų išvaizdos ar aukų dydžio, bet nuo rūpestingumo laipsnio, su kuriuo šloviname jį, būdami savo individualiose aplinkybėse. Dievas mielai išklausys ir duos, ko trokšta širdis, tiems, kas šlovina Jį iš širdies gelmių ir laisva valia atneša Jam dovanas. Tačiau jis nepriima garbinimo iš įžūlių žmonių, kurių širdis nedėmesinga ir susirūpinusi tik tuo, ką kiti apie juos galvoja.

3. Garbinimas, kurį Dievas priima

Mes, gyvenantys Naujojo Testamento laikais, kai Jėzus Kristus įvykdė visą Įstatymą, turime garbinti Dievą tobulesniu būdu, nes meilė yra didžiausias įsakymas, duotas mums Jėzaus Kristaus, kuris meile įvykdė Įstatymą. Garbinimas yra mūsų meilės Dievui išraiška. Kai kurie žmonės išpažįsta meilę Dievui savo lūpomis, bet matant, kaip jie šlovina Jį, kartais būna sunku patikėti, kad jie tikrai myli Dievą iš širdies gelmių.

Jeigu vyktume į susitikimą su aukštą padėtį užimančiu garbingo amžiaus asmeniu, tinkamai apsirengtume, elgtumėmės pagarbiai ir būtume nuoširdūs. Jeigu reiktų jam ką nors padovanoti, labai rūpestingai paruoštume puikią dovaną. Dievas yra visatos Kūrėjas, vertas priimti garbę ir gyrių iš savo kūrinių. Pašaukti garbinti Dievą dvasia ir tiesa mes negalime elgtis nepagarbiai Jo akivaizdoje. Turime ištirti save, ar nesielgėme nederamai, kad su atidumu garbintume Dievą visu kūnu, širdimi ir valia.

1) Negalime vėluoti į Dievo garbinimo susirinkimus.

Garbinimas yra ceremonija, kurioje pripažįstame neregimojo Dievo dvasinę valdžią, todėl iš širdies šlovinsime Jį tik laikydamiesi Jo nustatytų taisyklių ir tvarkos. Vėlavimas į Dievo garbinimo susirinkimus nepateisinamas jokiomis priežastimis.

Bažnyčios susirinkimai yra laikas, kurį įsipareigojome atiduoti Dievui, todėl turime atvykti anksčiau, pasišvęsti maldai ir iš širdies pasiruošti Dievo garbinimui. Jeigu turėtume susitikti su karaliumi, prezidentu arba ministru pirmininku, tikrai atvyktume anksčiau numatyto laiko ir lauktume pasiruošę susitikimui. Kaip galime vėluoti ar įlėkti paskutinę sekundę į susitikimą su Dievu, nepalyginamai galingesniu ir didingesniu?

2) Turime dėmesingai klausyti pamokslo.

Ganytojas (pastorius) yra Dievo pateptas dvasininkas, tolygus kunigui Senojo Testamento laikais. Ganytojas, paskirtas skelbti Dievo žodį nuo šventojo altoriaus, veda kaimenę į dangų. Todėl Dievas nepagarbą ir nepaklusnumą ganytojui laiko nepagarba ir nepaklusnumu Jam pačiam.

Išėjimo knygoje 16, 8 parašyta, kad kai izraelitai murmėjo ir kalbėjo prieš Mozę, faktiškai jie burnojo prieš patį Dievą. Samuelio pirmoje knygoje 8, 4-9, kai žmonės nepakluso pranašui Samueliui, Dievas laikė tai nepaklusnumu Jam pačiam. Todėl, jeigu bažnyčioje kalbatės su šalia sėdinčiuoju arba galvojate apie tuščius pasaulio reikalus, kai ganytojas skelbia Dievo žinią, jūs rodote nepagarbą Dievui.

Snaudimas arba miegojimas pamaldose taip pat yra

nepagarbos rodymas. Ar įsivaizduojate, kaip nemandagu būtų sekretoriui arba ministrui užmigti susirinkime, kuriame šalies prezidentas ako kalbą? Juo labiau snaudimas ar miegojimas šventykloje, kuri yra mūsų Viešpaties kūnas, yra nepagarba Dievui, ganytojui ir tikėjimo broliams bei seserims.

Dievui nepriimtinas ir šlovinimas su blogu nusiteikimu. Dievas nepriims šlovinimo be dėkingumo ir džiaugsmo. Todėl turime dalyvauti Dievo šlovinimo susirinkimuose, laukdami dangaus vilties žinios su širdimi, kupina dėkingumo už išgelbėjimo ir meilės malonę. Negalima purtyti ar kalbinti žmogaus, kuris meldžiasi Dievui. Nedera kištis į bendraamžio pokalbį su vyresniu žmogumi, ir labai įžūlu nutraukti žmogaus pokalbį su Dievu.

3) Alkoholis ir tabakas neturi būti vartojami prieš dalyvavimą pamaldose.

Dievas nelaiko nuodėme naujatikio negalėjimo mesti gerti ir rūkyti dėl silpno tikėjimo. Tačiau jeigu žmogus, kuris buvo pakrikštytas ir eina pareigas bažnyčioje, toliau geria ir rūko, jis rodo nepagarbą Dievui.

Net netikintieji mano, kad negerai eiti į bažnyčią apsvaigus ar ką tik parūkius. Kai žmogus pasveria, kiek problemų ir nuodėmių sukelia girtuokliavimas ir rūkymas, tiesa padeda jam suprasti, kaip turi elgtis Dievo vaikas.

Rūkymas sukelia įvairių rūšių vėžį, tai žalingas įprotis, o apsvaigimas nuo alkoholio skatina nederamai elgtis ir kalbėti. Kaip geriantis ir rūkantis tikintysis gali būti pavyzdingu Dievo vaiku, jeigu jo elgesys net kompromituoja Dievą? Įgiję tikrą tikėjimą, greitai paliekame senus kelius. Net jei neseniai įtikėjote, stenkitės palikti senus kelius, nes tai tinkamas elgesys Dievo akivaizdoje.

4) Turime nesiblaškyti ir negadinti Dievo garbinimo atmosferos.
Šventykla yra šventa vieta paskirta šlovinimui, maldai ir Dievo garbinimui. Jeigu šventovėje tėvai leistų savo vaikams rėkauti, triukšmauti ir išdykauti, šie trukdytų kitiems bažnyčios nariams šlovinti Dievą iš visos širdies. Tai nepagarba Dievui.

Šventovėje taip pat nemandagu susierzinti, supykti ir kalbėti apie verslą ar pramogas. Gumos kramtymas, garsus kalbėjimas su šalia sėdinčiais ar išėjimas iš šventovės pamaldų viduryje taip pat rodo pagarbos stoką. Skrybėlių dėvėjimas, teniso marškinėlių ar treningų vilkėjimas ir šlepečių avėjimas yra nukrypimas nuo gero elgesio. Išorė nėra svarbi, bet žmogaus vidinis nusistatymas ir širdis dažnai atsispindi jo išvaizdoje. Apranga ir išvaizda rodo pasiruošimą Dievo šlovinimui.

Teisingas supratimas, ko Dievas nori, leidžia mums atnešti Jam dvasinį garbinimą, kurį Dievas priima. Kai garbiname Dievą, kaip Jam patinka – kai šloviname Jį dvasia ir tiesa – Jis duoda supratimą, kuris įsirėžia mūsų širdies gelmėse, ir mes atnešame gausių vaisių bei džiaugiamės nuostabiais palaiminimais ir malone, kuriais Jis apipila mus.

4. Gyvenimas, paženklintas garbinimu dvasia ir tiesa

Kai šloviname Dievą dvasia ir tiesa, mūsų gyvenimas atsinaujina. Dievas nori, kad visas visų žmonių gyvenimas būtų paženklintas garbinimu dvasia ir tiesa. Kaip turime elgtis, kad atneštume Dievui dvasinį garbinimą, kurį Jis džiugiai priims?

1) Turime visuomet džiaugtis.

Tikrasis džiaugsmas kyla ne tik dėl džiuginančių priežasčių, bet net tuomet, kai susiduriame su skausmais ir sunkumais. Jėzus Kristus, kurį priėmėme savo Gelbėtoju, yra mūsų nuolatinio džiaugsmo priežastis, nes Jis prisiėmė visus mūsų prakeikimus.

Kai mes ėjome pražūties keliu, Jis atpirko mus iš nuodėmių, praliedamas savo kraują. Jis pasiėmė mūsų skurdą bei ligas ir išlaisvino mus iš ašarų, skausmo, sielvarto ir mirties pančių. Be to, Jis sunaikino mirties valdžią ir prisikėlė, suteikė mums prisikėlimo viltį bei leido mums įgyti tikrąjį gyvenimą ir nuostabų dangų.

Tikėjimu turėdami širdyje Jėzų Kristų, mūsų džiaugsmo šaltinį, galime tik džiaugtis. Turėdami pomirtinio gyvenimo ir amžinosios laimės viltį, net pristigę maisto, šeimos problemų slegiami ar susidūrę su skausmais ir persekiojimais, neteikiame reikšmės šiems sunkumams. Kol mūsų meilės Dievui kupina širdis ir dangaus viltis nesvyruoja, džiaugsmas niekada neblėsta. Kai mūsų širdis pripildyta Dievo malonės ir dangaus vilties, džiaugsmas trykšta bet kokiomis aplinkybėmis, ir sunkumai greitai pavirsta palaiminimais.

2) Turime be paliovos melstis.

„Meldimasis be paliovos" turi tris reikšmes. Pirma, turime išsiugdyti meldimosi įprotį. Net Jėzus savo tarnystės metu ieškojo ramių vietų, kad pasimelstų „savo įpročiu." Danielius melsdavosi tris kartus per dieną, Petras ir kiti Jėzaus mokiniai taip pat turėjo maldai skirtą laiką. Turime melstis savo įpročiu nustatytą laiką, kad Šventosios Dvasios aliejus niekada neišsektų. Tik tuomet suprasime Dievo žodį garbinimo susirinkimuose ir gausime stiprybės gyventi pagal Dievo žodį.

Antra, „be paliovos melstis" reiškia melstis ir ne iš anksto numatytu ar įprastu laiku. Kartais Šventoji Dvasia ragina mus melstis ne tuo laiku, kaip esame įpratę. Dažnai girdime liudijimus iš žmonių, kurie išvengė sunkumų ar buvo apsaugoti nuo nelaimių, paklusę spontaniškam vidiniam paraginimui melstis.

Trečia, „be paliovos melstis" reiškia medituoti Dievo žodį dieną ir naktį. Nepaisant kur, su kuo ir ką daro žmogus, tiesa jo širdyje turi būti gyva ir aktyviai daryti savo darbą.

Malda yra mūsų dvasios kvėpavimas. Kaip kūnas miršta, kvėpavimui sustojus, nesimeldimas atveda į dvasios nusilpimą ir galiausiai mirtį. Žmogus be paliovos meldžiasi, kai jis ne tik nuolat šaukiasi Dievo maldoje, bet ir medituoja Dievo žodį dieną ir naktį bei gyvena pagal jį. Kai Dievo žodis gyvena jo širdyje, ir žmogus gyvena Šventosios Dvasios bendrystėje, visos jo gyvenimo sritys klesti, jis aiškiai girdi Šventosios Dvasios balsą ir yra Jos vedamas.

Biblija ragina „pirmiausia ieškoti Dievo karalystės ir Jo teisumo," ir kai meldžiamės už Dievo karalystę – Jo apvaizdą ir sielų išganymą – bet ne už save, Dievas mus laimina dar gausiau. Tačiau nemažai žmonių meldžiasi, kai susiduria su sunkumais arba jiems ko nors trūksta, bet nustoja melstis, kai jiems viskas gerai sekasi. Kiti uoliai meldžiasi, būdami pilni Šventosios Dvasios, bet nutraukia savo maldas, kai netenka pilnatvės. Tačiau mes turime visada atverti savo širdį ir skleisti Dievui maldos kvapą, kuris Jam patinka. Kankinančiai sunku išspausti žodžius prieš savo valią, stengiantis užpildyti maldai skirtą laiką, kovojant su snauduliu ir tuščiomis mintimis. Jeigu tikintysis laiko save turinčiu tam tikrą tikėjimo laipsnį, tačiau patiria tokių sunkumų, kalbėdamas su Dievu, ar jam neturi būti gėda išpažinti savo „meilę" Dievui? Jeigu jūs galvojate: „Mano malda dvasiškai apatiška ir sustabarėjusi," ištirkite save ir prisiminkite, kiek džiaugsmo ir dėkingumo anksčiau turėjote.

Visiškai neabejotina, kad kai žmogaus širdis kupina džiaugsmo ir dėkingumo, jis meldžiasi Šventosios Dvasios pilnatvėje, jo malda būna ne sustingusi, bet prasiskverbia į dvasines gelmes. Kuo sunkesnės aplinkybės, tuo labiau jis trokšta Dievo malonės, dar karščiau šaukiasi Dievo, ir jo tikėjimas žingsnis po žingsnio auga.

Kai be paliovos iš širdies gelmių šaukiamės Dievo maldoje, atnešame gausių maldos vaisių. Nepaisydami jokių išbandymų, su kuriais susiduriame savo kelyje, mes liekame ištikimi maldai. Kai šaukiamės Dievo maldoje, mums atsiveria dvasinės tikėjimo ir meilės gelmės, ir mes dalinamės malone su kitais. Todėl mums būtina be paliovos melstis su džiaugsmu ir dėkingumu, kad gautume atsakymus iš Dievo nuostabaus vaisiaus pavidalu savo dvasioje ir kūne.

3) Turime visokiomis aplinkybėmis dėkoti.

Už ką mes turime būti dėkingi? Visų pirma už faktą, kad mes, buvę pasmerkti mirčiai, buvome išgelbėti ir galime patekti į dangų. Faktas, kad Dievas davė mums viską, įskaitant kasdienę duoną ir gerą sveikatą, yra pakankama dėkingumo priežastis. Be to, mes jaučiame dėkingumą, nepaisydami skausmų ir išbandymų, nes tikime į visagalį Dievą.

Dievas puikiai žino visas mūsų gyvenimo aplinkybes ir situacijas bei girdi visas mūsų maldas. Kai mes iki galo pasikliaujame Dievu bet kokiuose išbandymuose, Jis nuostabiai ves ir palaimins mus per šiuos išmėginimus.

Patirdami kančias mūsų Viešpaties vardu ar susidurdami su išbandymais dėl mūsų pačių klaidų ir ydų, jeigu tikrai pasitikime Dievu, suprasime, kad galime tik dėkoti. Kai stokosime ar pritrūksime jėgų, mes būsime dar labiau dėkingi už Dievo, kuris sustiprina ir padaro tobulus silpnuosius, galią. Net kai tikrovė, su kuria susiduriame, tampa vis sunkiau pakeliama ir ištveriama, mes galime dėkoti, nes turime tikėjimą Dievu. Kai mes su tikėjimu dėkojame iki galo, galų gale viskas išeina į gera, ir visi sunkumai pavirsta į palaiminimus.

Nuolatinis džiaugsmas, meldimasis be paliovos ir dėkojimas visokiomis aplinkybėmis dėkoti yra kriterijai, rodantys, kiek vaisių subrandinome dvasioje ir kūne savo tikėjimo gyvenime. Kuo labiau žmogus siekia džiaugtis, nepaisydamas aplinkybių, sėja džiaugsmo sėklas ir dėkoja iš širdies gelmių, atrasdamas dėkingumo priežastis, tuo daugiau atneša džiaugsmo ir dėkingumo vaisių. Tas pats ir su malda; kuo daugiau pastangų įdedame į maldą, tuo daugiau stiprybės ir Dievo atsakymų vaisių pjauname.

Todėl kiekvieną dieną atnešdami Dievui dvasinį šlovinimą, kurio Jis trokšta ir kuris Jam patinka, gyvenimu, kuriame jūs visuomet džiaugiatės, be paliovos meldžiatės ir dėkojate visomis aplinkybėmis (Pirmas laiškas tesalonikiečiams 5, 16-18), atnešite didelių ir gausių vaisių savo dvasia ir kūnu.

2 skyrius

Senojo Testamento atnašos Kunigų knygoje

VIEŠPATS pasišaukė Mozę ir kalbėjo jam iš Susitikimo Palapinės, tardamas: „Kalbėk izraelitams ir sakyk jiems. Kai kas nors iš jūsų nori atvesti VIEŠPAČIUI gyvulio atnašą, atveskite atnašą iš jaučių bandos ar iš avių bei ožkų kaimenės."

Kunigų knyga 1, 1-2

1. Kunigų knygos svarba

Dažnai sakoma, kad Apreiškimas Jonui Naujajame Testamente ir Kunigų knyga Senajame Testamente yra sunkiausiai suprantamos Biblijos dalys. Dėl šios priežasties kai kurie žmonės, skaitydami Bibliją, praleidžia šias dalis, o kiti mano, aukų atnašavimo nuostatai iš Senojo Testamento laikų šiandien mums nesvarbūs. Tačiau jeigu šios dalys mums nesvarbios, Dievas nebūtų palikęs jų užrašytų Biblijoje. Kadangi visi iki vieno žodžiai Naujajame Testamente, kaip ir Senajame, yra būtini mūsų gyvenimui Kristuje, Dievas leido užrašyti juos Šventajame Rašte (Evangelija pagal Matą 5, 17-19). Aukų atnašavimo nuostatai iš Senojo Testamento laikų neturi būti atmesti Naujojo Testamento laikais. Kaip ir visas Įstatymas, aukų atnašavimo nuostatai Senajame Testamente buvo Jėzaus įvykdyti Naujajame Testamente. Aukų atnašavimo nuostatų Senajame Testamente reikšmė atsispindi šiuolaikiniame Dievo šlovinime šventovėje, ir aukos iš Senojo Testamento laikų yra šiandien tolygios Dievo šlovinimo elementams bažnyčios susirinkimuose. Teisingai supratę aukų atnašavimo nuostatus iš Senojo Testamento laikų ir jų reikšmę, atrasime kelią į palaiminimus, kuriame susitiksime Dievą ir patirsime Jį, teisingai suprasdami, kaip šlovinti Jį ir tarnauti Jam.

Kunigų knyga yra Dievo žodžio dalis, šiandien svarbi visiems tikintiesiems į Jį, nes Petro pirmame laiške 2, 5 parašyta: „Ir jūs patys, kaip gyvieji akmenys, statydinkitės į dvasinius namus, kad būtumėte šventa kunigystė ir atnašautumėte dvasines aukas, priimtinas Dievui per Jėzų Kristų." Kiekvienas gavęs išgelbėjimą per Jėzų Kristų gali ateiti pas Dievą, kaip darydavo kunigai Senojo Testamento laikais.

Kunigų knyga padalinta į dvi dalis. Pirmoji dalis iš esmės paaiškina, kaip atleidžiamos mūsų nuodėmės. Joje pateikti nuostatai, kaip atnašauti aukas, kad nuodėmės būtų atleistos. Taip pat ji aprašo reikalavimus kunigams, kurie atnašaudavo aukas žmonių, kad sutaikytų žmones su Dievu, ir kunigų pareigas. Antroje dalyje smulkiai išvardintos nuodėmės, kurių Dievo sprendimu Jo šventi žmonės turi niekada nedaryti. Trumpai tariant, kiekvienas tikintysis turi sužinoti Dievo valią, užrašytą Kunigų knygoje, mokančioje išsaugoti šventą ryšį su Dievu.

Aukų atnašavimo nuostatai Kunigų knygoje metodiškai paaiškina, kaip šlovinti Dievą. Taip kaip mes susitinkame Dievą ir gauname Jo atsakymus bei palaiminimus per Dievo šlovinimo susirinkimus, žmonės Senojo Testamento laikais gaudavo nuodėmių atleidimą ir patirdavo Dievo darbus per aukų atnašavimą. Tačiau po Jėzaus Kristaus aukos Šventoji Dvasia apsigyveno mumyse, ir mums leidžiama draugauti su Dievu, šlovinant Jį dvasia ir tiesa, veikiant Šventajai Dvasiai.

Laiškas hebrajams 10, 1 sako: „Mat kadangi įstatymas turi

būsimųjų gėrybių šešėlį, ne patį dalykų pavidalą, jis niekuomet negali tomis pačiomis aukomis, kurias kas metai be paliovos aukoja, visiškai apvalyti tų, kurie artinasi prie Dievo" (A. Jurėno vertimas). Jeigu yra pavidalas, yra ir jo šešėlis. Šiandien „pavidalas" yra faktas, kad galime garbinti Dievą per Jėzų Kristų, o Senojo Testamento laikais žmonės palaikė ryšį su Dievu per aukas, kurios buvo būsimųjų gėrybių šešėlis.

Aukos Dievui turi būti atnašaujamos pagal Jo nustatytas taisykles; Dievas nepriima šlovinimo iš žmogaus, garbinančio Jį savo paties sugalvotais būdais. Pradžios knygos 4-as skyrius pasakoja, kad Dievas priėmė aukas iš Abelio, kuris laikėsi Dievo valios, bet nepriėmė aukų iš Kaino, sumaniusio savo aukojimo būdą.

Lygiai taip pat yra šlovinimas, kuris Dievui patinka, ir šlovinimas, nepaisant Jo taisyklių, ir todėl nepriimtinas Dievui. Aukų atnašavimo nuostatai Kunigų knygoje suteikia praktiškos informacijos apie šlovinimą, per kurį gauname iš Dievo atsakymus ir palaiminimus, ir kuris Jam patinka.

2. Dievas pasišaukė Mozę iš Susitikimo Palapinės

Kunigų knygoje 1, 1 parašyta: „VIEŠPATS pasišaukė Mozę ir kalbėjo jam iš Susitikimo Palapinės, tardamas..." Susitikimo Palapinė buvo kilnojama šventykla, pritaikyta Izraelio tautos, gyvenusios dykoje, judėjimui, ir Dievas iš jos pasišaukė Mozę. Susitikimo Palapinėje buvo padangtė su šventyklą ir šventų švenčiausiąja vieta (Išėjimo knyga 30, 18 ir 20; 39, 32 ir 40, 2). Susitikimo Palapinėje buvo visi Padangtės reikmenys ir kiemas (Skaičių knyga 4, 31 ir 8, 24).

Po Išėjimo į Kanaano kraštą Izraelio tauta daug laiko praleido dykumoje ir turėjo nuolat keliauti, todėl aukos Dievui buvo atnašaujamos ne nuolatiniame pastate, bet palapinėje, kurią galima lengvai gabenti. Ji dar vadinama „padangtės šventykla."

Išėjimo knygos 35-39 skyriai aprašo Padangtės statybą. Pats Dievas pasakė Mozei, kaip ir iš kokių medžiagų statyti Padangtę. Kai Mozė pasakė žmonėms, kokių medžiagų reikia Padangtės statybai, jie savanoriškai atnešė tiek daug aukso, sidabro, vario; įvairių brangiųjų akmenų; medžiagų iš mėlynos, violetinės ir raudonos spalvos siūlų, plonos drobės; ožkos vilnos, avikailių ir delfinų odų, kad Mozei teko stabdyti juos (Išėjimo knyga 36, 5-7).

Padangtė buvo pastatyta iš savanoriškų tautos aukų. Izraelitams, keliaujantiems į Kanaaną po išėjimo iš Egipto, Padangtės statybos kaina buvo nemaža. Jie neturėjo namų ir žemės, todėl negalėjo pralobti iš žemdirbystės. Tačiau tikėdami Dievu, kuris pažadėjo gyventi tarp jų, kai šie paruoš jam buveinę, izraelitai džiugiai ir noriai aukojo Padangės statybai.

Izraelio tauta, ilgai kentusi priespaudos jungą, labiau už viską troško laisvės nuo vergijos. Dievas, išvedęs juos iš Egipto, įsakė pastatyti Jam Susitikimo Palapinę, kad gyventų tarp jų. Izraelio tauta tikrai negaišo, ir palapinė greitai buvo baigta, izraelitams džiugiai ir noriai aukojant jos statybai.

Įėjus į palapinę, buvo „šventovė," o už jos, einant gilyn, „šventų švenčiausioji." Tai pati švenčiausia vieta. Šventų švenčiausioje vietoje stovėjo Sandoros Skrynia, kurioje buvo Dievo žodis. Šis faktas buvo Dievo artybės priminimas. Visa šventovė buvo šventa vieta kaip Dievo namai, tačiau šventų švenčiausioji buvo atskirta ir laikoma pačia švenčiausia vieta. Net vyriausiajam kunigui buvo leidžiama įeiti į šventų švenčiausiąją vietą tik kartą per metus aukoti atnašą už kaltę Dievui už tautą. Paprastiems žmonėms buvo uždrausta į ją įeiti, nes nusidėjėliai negali būti Dievo akivaizdoje.

Tačiau visi mes per Jėzų Kristų gavome teisę patirti Dievo artybę. Evangelijoje pagal Matą 27, 50-51 parašyta: „Tuomet Jėzus, dar kartą sušukęs skardžiu balsu, atidavė dvasią. Ir štai šventovės uždanga perplyšo pusiau nuo viršaus iki apačios, ir žemė sudrebėjo, ir uolos ėmė skeldėti." Kai Jėzus paaukojo save per mirtį ant kryžiaus, kad atpirktų mus iš nuodėmės, uždanga tarp šventų švenčiausiosios vietos ir mūsų perplyšo pusiau.

Laiškas hebrajams 10, 19-20 sako: „Taigi, broliai, dėl Jėzaus kraujo įgavę pasitikėjimo įžengti į šventovę nauju ir gyvu keliu, jo atvertu mums pro uždangą, tai yra per jo kūną." Šventovės uždangos perplyšimas, kai Jėzus mirdamas paaukojo savo kūną, reiškia nuodėmės sienos tarp Dievo ir mūsų sugriuvimą. Kiekvienas tikintis į Jėzų Kristų gali gauti nuodėmių atleidimą ir pasukti švento Dievo keliu. Praeityje tik kunigai galėjo artintis prie Dievo, bet dabar mes galime tiesiogiai ir artimai bendrauti su Juo.

3. Dvasinė Susitikimo Palapinės reikšmė

Kokią reikšmę Susitikimo Palapinė turi mums šiandien? Susitikimo Palapinė yra bažnyčia, kurioje tikintieji šiandien šlovina Dievą, šventovė yra Viešpatį priėmusių tikinčiųjų kūnas, o šventų švenčiausioji yra mūsų širdis, kurioje gyvena Šventoji Dvasia. Pirmas laiškas korintiečiams 6, 19 mums primena: „Ar nežinote, kad jūsų kūnas yra šventykla jumyse gyvenančios Šventosios Dvasios, kurią gavote iš Dievo, ir kad jūs nebepriklausote patys sau?" Kai priėmėme Jėzų savo Gelbėtoju, gavome iš Dievo dovaną – Šventąją Dvasią. Šventoji Dvasia gyvena mumyse, todėl mūsų širdis ir kūnas yra šventykla.

Taip pat Pirmame laiške korintiečiams 3, 16-17 parašyta: „Argi nežinote, kad jūs esate Dievo šventykla ir jumyse gyvena Dievo Dvasia? Jei kas Dievo šventyklą niokoja, tą Dievas suniokos, nes Dievo šventykla šventa, ir toji šventykla tai jūs!" Kaip Dievo šventyklos pastatas visada turi būti švarus ir šventas, taip turime visą laiką saugoti savo širdies ir kūno, kurie yra Šventosios Dvasios buveinė švarą.

Dievas sunaikins tuos, kas naikina Dievo šventyklą. Jeigu žmogus yra Dievo vaikas ir priėmė Šventąją Dvasią, bet toliau niokoja save, Šventoji Dvasia bus užgesinta, ir tas žmogus praras išgelbėjimą. Tik laikydami Šventosios Dvasios šventyklą šventą savo elgesiu ir širdimi pasieksime tobulą išganymą ir turėsime tiesioginį bei artimą ryšį su Dievu.

Dievas pasišaukė Mozę iš Susitikimo Palapinės, ir tai reiškia, kad Šventoji |Dvasia šaukia mus iš vidaus ir nori bendrauti su mumis. Išgelbėtiems Dievo vaikams įprasta bendrauti su Dievu Tėvu. Jie turi melstis Šventąja Dvasia ir šlovinti Dievą dvasia ir tiesa, artimai bendraudami su Juo.

Senojo Testamento laikais žmonės negalėjo bendrauti su šventu Dievu dėl savo nuodėmių. Tik vyriausiasis kunigas galėjo įeiti į šventų švenčiausiąją ir aukoti Dievui atnašas už tautą. Šiandien visi Dievo vaikai gali ateiti į šventovę šlovinti Dievą, melstis ir bendrauti su Dievu, nes Jėzus Kristus atpirko mus iš visų nuodėmių.

Kai mes priimame Jėzų Kristų, Šventoji dvasia apsigyvena mūsų širdyje ir laiko ją šventų švenčiausiąja vieta. Be to, kaip Dievas pasišaukė Mozę iš Susitikimo Palapinės, Šventoji Dvasia šaukia mus iš mūsų širdies gelmių ir trokšta bendrauti su mumis. Šventoji Dvasia, leisdama išgirsti savo balsą ir suprasti vedimą, moko mus gyventi tiesoje ir suprasti Dievą. Norėdami girdėti Šventosios Dvasios balsą turime išmesti nuodėmes ir nedorybes iš savo širdies ir būti pašventinti. Kai pasieksime pašventinimą, aiškiai girdėsime Šventosios Dvasios balsą ir sulauksime gausių dvasios ir kūno palaiminimų.

4. Susitikimo Palapinės pavidalas

Susitikimo Palapinės pavidalas buvo labai paprastas. Žmonės turėdavo įeiti pro maždaug devynių metrų pločio vartus rytinėje palapinės pusėje. Palapinės kieme pirmas stovėjo variu dengtas deginamųjų aukų aukuras. Tarp šio aukuro ir šventovės stovėjo praustuvas, už jo šventovė ir šventų švenčiausioji, svarbiausioji vieta Susitikimo Palapinėje.

Padangtė, susidedanti iš šventovės ir šventų švenčiausiosios vietos buvo keturių su puse metro pločio, trylikos su puse metro ilgio ir keturių su puse metro aukščio. Ji buvo pastatyta ant sidabro pamato, sienas laikė akacijos medžio stulpai padengti auksu, o stogą dengė keturių sluoksnių uždanga. Kerubas buvo išsiuvinėtas pirmame sluoksnyje, antras sluoksnis buvo iš ožkos vilnos, trečias iš avikailių ir ketvirtas iš delfinų odų.

Šventovė ir šventų švenčiausioji buvo atskirtos užuolaida su išsiuvinėtu kerubu. Šventovė buvo du kartus didesnė už šventų švenčiausiąją. Šventovėje stovėjo padėtinės duonos stalas (dar vadinamas atnašų stalu), žvakidė ir smilkalų aukuras. Visi šie reikmenys buvo iš gryno aukso. Šventų švenčiausiosios viduje stovėjo Sandoros Skrynia.

Susitikimo Palapinės struktūra

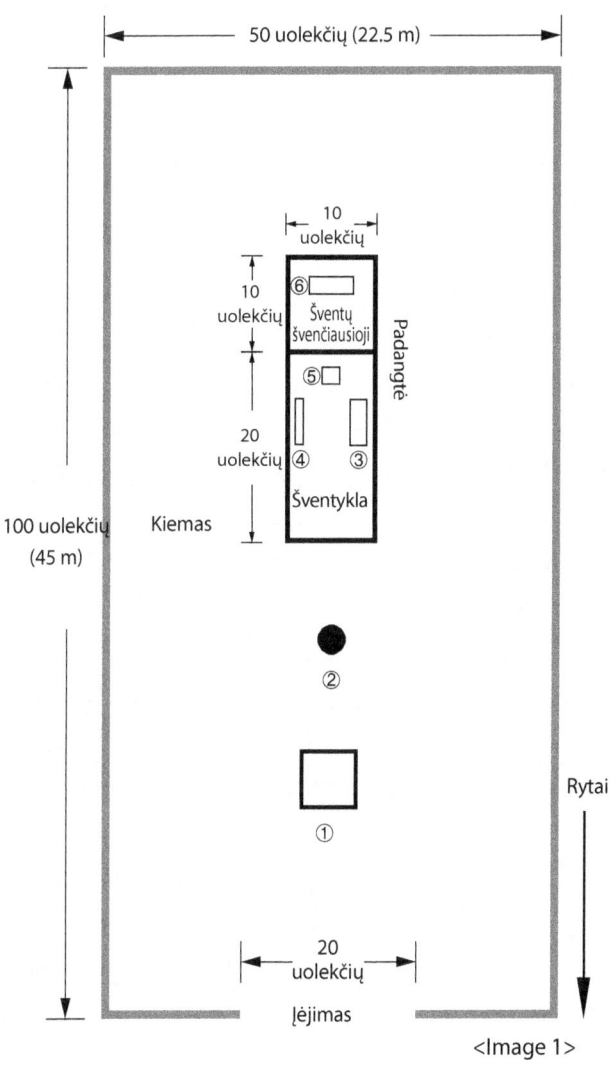

<Image 1>

Matmenys
Kiemas: 100 x 50 x 5 uolekčių
Įėjimas: 20 x 5 uolekčių
Padangtė: 30 x 10 x 10 uolekčių
Šventykla: 20 x 10 x 10 uolekčių
Šventų švenčiausioji vieta:
10 x 10 x 10 uolekčių
(* 1 uolektis = maždaug 0,45 metro)

Reikmenys
1) Deginamųjų aukų aukuras
2) Praustuvas
3) Atnašų stalas padėtinei duonai
4) Gryno aukso žvakidė
5) Smilkalų aukuras
6) Sandoros Skrynia

Apibendrinkime. Pirma, šventų švenčiausiosios vietos viduje buvo šventa vieta, kurioje gyveno Dievas ir stovėjo Sandoros Skrynia, o ant jos malonės sostas. Kartą metuose, Permaldavimo dieną, vyriausiasis kunigas įeidavo į šventų švenčiausiąją ir apšlakstydavo krauju malonės sostą už tautą, kad įvykdytų permaldavimą. Šventų švenčiausioje viskas buvo papuošta grynu auksu. Sandoros Skrynios viduje buvo dvi akmens plokštės, ant kurių buvo užrašyta Dešimt Dievo įsakymų, ąsotis su mana ir išsprogusi Aarono lazda.

Antra, kunigas ateidavo į šventovę atnašauti aukas, ten buvo aukuras smilkalams, žvakidė ir stalas Padėtinei duonai, ir visi šie daiktai buvo auksiniai.

Trečia, praustuvas buvo padarytas iš vario. Jame buvo vanduo, kuriuo kunigai nusiplaudavo rankas ir kojas, prieš įeidami į šventovę, o vyriausiasis kunigas prieš įeidamas į šventų švenčiausiąją vietą.

Ketvirta, deginamųjų aukų aukuras buvo dengtas variu ir atsparus ugniai. Ugnis ant aukuro nužengė „iš VIEŠPATIES Artumo," kai palapinė buvo baigta (Kunigų knyga 9, 24). Dievas taip pat įsakė nuolat kurstyti ugnį ant aukuro, neleisti jai užgesti ir kasdien aukoti po du mitulius avinėlius (Išėjimo knyga 29, 38-43; Kunigų knyga 6, 5-6).

5. Jaučių ir avinėlių aukojimo dvasinė reikšmė

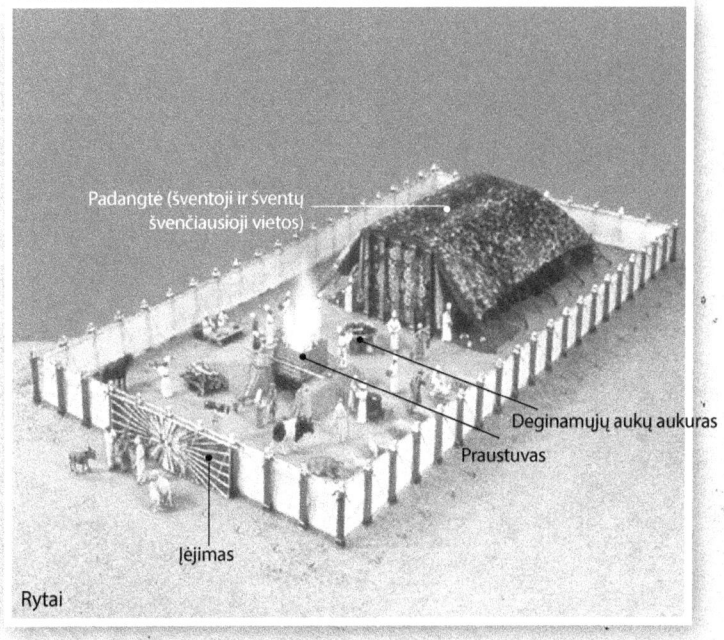

<Image 2>

Panoraminis Susitikimo Palapinės vaizdas

Kieme buvo deginamųjų aukų aukuras (Išėjimo knyga 30, 28), praustuvas (Išėjimo knyga 30, 18) Padangtė (Išėjimo knyga 26, 1 ir 36, 8) ir plonos suktinių siūlų drobės užuolaida. Palapinės rytuose buvo tik vienas įėjimas (Išėjimo knyga 27, 13-16), simbolizuojantis Jėzų Kristų, vienintelius išganymo vartus.

<Image 3>

Padangtės uždangos

Keturi sluoksniai dangų gaubė Padangtę.
Apačioje buvo audeklas su išsiuvinėtais kerubais; virš jo danga iš ožkos vilnos; ant jos avikailiai ir pačiame viršuje delfinų odos. Dangos 3-ame paveiksle pavaizduotos taip, kad būtų matomas kiekvienas sluoksnis. Už padangtės dangų matosi šventyklos uždanga, už jos aukuras smilkalams ir šventų švenčiausiosios vietos užuolaidos.

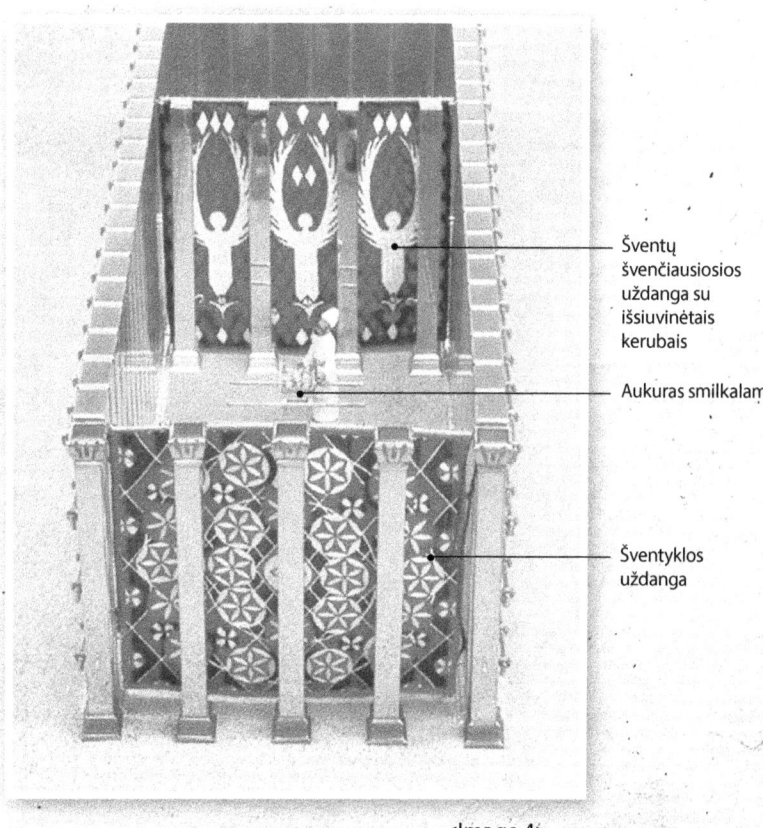

Šventų švenčiausiosios uždanga su išsiuvinėtais kerubais

Aukuras smilkalams

Šventyklos uždanga

<Image 4>

Šventykla su pakeltomis uždangomis

Priekyje Šventyklos užuolaidos, už jų – smilkalų aukuras ir šventų švenčiausiosios vietos uždanga

Image

<Image 5>

Susitikimo Palapinės vidus

Šventyklos centre gryno aukso žvakidė (Išėjimo knyga 25, 31), padėtinės duonos stalas (Išėjimo knyga 25, 30) ir aukuras smilkalams (Išėjimo knyga 30, 27).

Aukuras smilkalams

Atnašų stalas padėtinei duonai

Žvakidė

<Image 9>

Šventų švenčiausiosios vietos vidus

Galinė Šventyklos siena patraukta, kad matytųsi šventų švenčiausiosios vietos vidus. Matosi Sandoros Skryhia, malonės sostas ir šventų švenčiausiosios vietos užuolaida. Kartą per metus vyriausiasis kunigas, apsirengęs baltai, įžengia į šventų švenčiausiąją vietą ir šlaksto aukos už nuodėmę kraują.

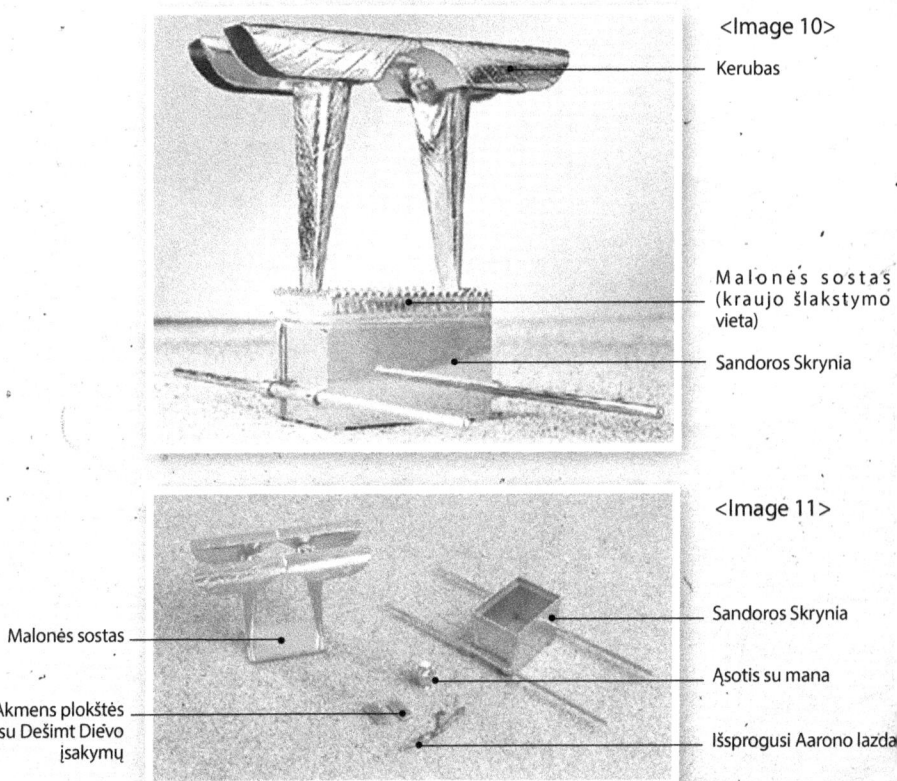

<Image 10>
- Kerubas
- Malonės sostas (kraujo šlakstymo vieta)
- Sandoros Skrynia

<Image 11>
- Sandoros Skrynia
- Ąsotis su mana
- Išsprogusi Aarono lazda
- Malonės sostas
- Akmens plokštės su Dešimt Dievo įsakymų

Sandoros Skrynia ir malonės sostas

Šventų švenčiausioje vietoje stovi Sandoros Skrynia, padaryta iš gryno aukso, malonės sostas yra ant skrynios. Malonės sostas dengia Sandoros Skrynią (Išėjimo knyga 25, 17-22), jis turėjo būti apšlakstomas krauju kartą per metus. Du kerubai prie abiejų malonės sosto galų sparnais dengia sostą (Išėjimo knyga 25, 18-20). Sandoros Skrynioje dvi akmens plokštės su Dešimt Dievo įsakymų, ąsotis su mana ir išsprogusi Aarono lazda.

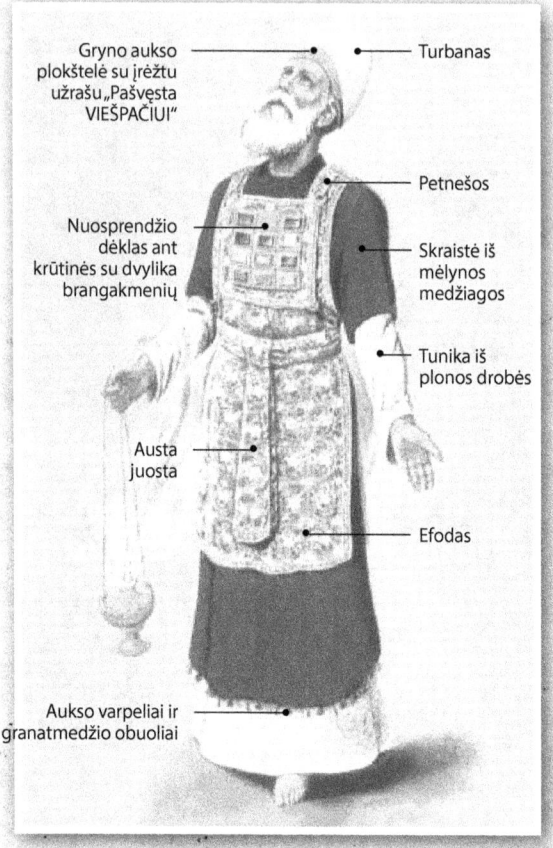

<Image 12>

Vyriausiojo kunigo drabužiai

Vyriausiasis kunigas turėjo prižiūrėti Šventovę, rūpintis aukojimo apeigomis ir kartą per metus įeiti į šventų švenčiausiąją bei atnešti auką Dievui. Kiekvienas einantysis vyriausiojo kunigo pareigas privalėjo turėti Urimą ir Tumimą. Šie du akmenys, kurie buvo naudojami Dievo valiai sužinoti, buvo nuosprendžio dėkle ant krūtinės virš efodo, kurį vilkėjo kunigas. „Urimas" reiškia šviesą, o „Tumimas" tobulybę.

Kunigų knygoje 1, 2 Dievas pasakė Mozei: „Kalbėk izraelitams ir sakyk jiems. Kai kas nors iš jūsų nori atvesti VIEŠPAČIUI gyvulio atnašą, atveskite atnašą iš jaučių bandos ar iš avių bei ožkų kaimenės." Bažnyčios susirinkimų metu Dievo vaikai atneša Jam įvairias aukas. Papildomai prie dešimtinės atnešamos padėkos aukos bei aukos bažnyčios ir vargšų šelpimui. Tačiau Dievas liepė aukoti Jam „gyvulio atnašą iš jaučių bandos ar iš avių bei ožkų kaimenės." Ši eilutė turi dvasinę reikšmę, turime ne vykdyti ją pažodžiui, bet suprasti jos dvasinę prasmę ir elgtis pagal Dievo valią.

Kokia jaučių ir avinėlių aukojimo dvasinė reikšmė? Turime šlovinti Dievą dvasia ir tiesa bei aukoti save kaip gyvą ir šventą auką. Tai „dvasinis garbinimas" (Laiškas romiečiams 12, 1). Turime visada budėti maldoje ir elgtis šventai prieš Dievą ne tik garbindami Jį bažnyčioje, bet ir savo kasdieniniame gyvenime. Tuomet mūsų šlovinimas ir visos aukos Dievui taps gyva ir šventa auka, kurią Dievas priims kaip dvasinį garbinimą.

Kodėl Dievas įsakė Izraelio tautai aukoti būtent jaučius ir avinėlius? Jaučiai ir avinėliai geriausiai simbolizuoja Jėzų, kuris tapo susitaikymo auka žmonijos išgelbėjimui. Apžvelkime panašumus tarp „jaučių" ir Jėzaus.

1) Jaučiai neša žmonių naštas.

Kaip jaučiai neša žmonių naštas, Jėzus pasiėmė mūsų nuodėmės naštą. Evangelijoje pagal Matą 11, 28 Jis mums sako:

„Ateikite pas mane visi, kurie vargstate ir esate prislėgti; aš jus atgaivinsiu!" Žmonės deda visas pastangas, kad pasiektų turtą, garbę, pripažinimą, populiarumą, prestižą, valdžią ir visa kita, ko trokšta. Be įvairiausių nešamų naštų žmogus velka nuodėmės naštą ir gyvena išbandymuose, varguose ir kančiose.

Jėzus pasiėmė gyvenimo naštas ir vargus, tapdamas auka, praliedamas atpirkimo kraują ir mirdamas nukryžiuotas ant medinio kryžiaus. Tikėjimu į Viešpatį žmogus gali nusimesti visus savo vargus ir nuodėmės naštas bei džiaugtis ramybe ir atgaiva.

2) Jaučiai neatneša žmonėms vargų, tik naudą.

Galvijai ne tik paklusniai dirba žmogui, bet ir duoda pieną, mėsą ir odą. Jautis naudingas nuo ragų iki kanopų. Jėzus taip pat atnešė tik naudą žmonėms. Liudydamas evangeliją apie Dangų vargšams, ligoniams ir atstumtiesiems Jis suteikė jiems paguodą ir viltį, nutraukė nedorybių pančius ir gydė ligas bei negalias. Net atsisakydamas miego ir valgio Jėzus skelbė Dievo žodį kiekvienam žmogui, kaip tik galėjo. Paaukodamas savo gyvybę ir mirdamas ant kryžiaus Jėzus atvėrė išgelbėjimo kelią pragarui pasmerktiems nusidėjėliams.

3) Jaučių mėsa tinka žmonių maistui.

Jėzus atidavė žmonėms savo kūną ir kraują, kad šie taptų jų kasdiene duona. Evangelijoje pagal Joną 6, 53-54 Jis mums sako:

„Jei nevalgysite Žmogaus Sūnaus kūno ir negersite jo kraujo, neturėsite savyje gyvybės! Kas valgo mano kūną ir geria mano kraują, tas turi amžinąjį gyvenimą, ir aš jį prikelsiu paskutiniąją dieną." Jėzus yra Dievo Žodis, atėjęs į šį pasaulį kūne. Todėl valgyti Jėzaus kūną ir gerti Jo kraują reiškia pasidaryti Dievo žodį savo duona ir gyventi pagal jį. Kaip žmogus gyvena tik valgydamas ir gerdamas, taip mes gausime amžinąjį gyvenimą ir įžengsime į dangų tik maitindamiesi Dievo žodžio duona.

4) Jaučiai aria žemę ir paverčia ją derlinga dirva.

Jėzus įdirba žmogaus širdies žemę. Evangelijoje pagal Matą, 13-ame skyriuje žmogaus širdis lyginama su keturių rūšių žeme: pakelės, uolėta, apaugusia erškėčiais ir gera žeme. Jėzus atpirko mus iš visų mūsų nuodėmių, Šventoji Dvasia apsigyveno mūsų širdyje ir duoda mums stiprybės. Mūsų širdis gali pavirsti gera žeme, Šventajai Dvasiai padedant. Kai pasikliaujame Jėzaus krauju, kuris leido mums gauti visų nuodėmių atleidimą, ir uoliai paklūstame tiesai, mūsų širdis pavirsta derlinga ir gera dirva, ir mes sulaukiame dvasinių ir materialų palaiminimų, pjaudami 30, 60 ir 100 kartų daugiau, negu pasėjame.

O kokie panašumai tarp avinėlių ir Jėzaus?

1) Avinėliai yra romūs.

Kalbėdami apie ramius ir švelnius žmones, paprastai lyginame juos su avinėlio romumu. Jėzus yra romiausias iš visų žmonių. Izaijo knygoje 42, 3 apie Jėzų parašyta: „Nei palaužtos nendrės jis nelauš, nei blėstančio dagčio negesins." Net su piktadariais, iškrypėliais ir tais, kurie atgailavo, bet vėl nuodėmiauja, Jėzus kantrus iki galo ir laukia, kol jie paliks savo nedorus kelius. Nors Jėzus yra Dievo Kūrėjo Sūnus ir turi galią sunaikinti visą žmoniją, Jis išliko kantrus su mumis ir parodė savo meilę net piktadariams, kurie Jį nukryžiavo.

2) Avinėlis yra paklusnus.

Avinėlis klusniai seka paskui piemenį ir net kerpamas tyli. Antrame laiške korintiečiams 1, 19 parašyta: „Juk Dievo Sūnus Jėzus Kristus, kurį jums paskelbėme aš, Silvanas ir Timotiejus, anaiptol nebuvo ir taip, ir ne, bet jame buvo tik taip." Jėzus nereikalavo savo valios, bet liko paklusnus Dievui iki mirties. Visą savo gyvenimą Jėzus ėjo tik į Dievo pasirinktas vietas Jo pasirinktu laiku ir darė tik tai, ko Dievas norėjo. Galiausiai, puikiai žinodamas apie artėjančią agoniją ant kryžiaus, Jis paklusniai kentėjo, kad įvykdytų Tėvo valią.

3) Avinėlis yra švarus.

Avinėlis turėjo būti vienerių metų ir dar nesiporavęs (Išėjimo knyga 12, 5). Šio amžiaus ėriuką galima lyginti su gražiu ir tyru jaunuoliu – arba Jėzumi, nekaltu ir be dėmės. Avys duoda vilną, mėsą ir pieną; niekada nekenkia žmonėms ir neša tik naudą.

Kaip minėjau, Jėzus paaukojo savo kūną ir kraują, atidavė mums visą save. Visiškai paklusdamas Dievui Tėvui Jėzus įvykdė Dievo valią ir sugriovė nuodėmės sieną tarp Dievo ir nusidėjėlių. Net šiandien Jis nesiliauja veikęs mūsų širdyje, kad paverstų mūsų širdies dirvą gera žeme.

Kaip žmogus buvo atperkamas iš savo nuodėmių per jaučių ir avinėlių aukas Senojo Testamento laikais, Jėzus atidavė save kaip auką ant kryžiaus ir įvykdė amžinąjį atpirkimą savo krauju (Laiškas hebrajams 9, 12). Tikėdami šiuo faktu, turime aiškiai suprasti, kaip Jėzus tapo Dievui priimtina auka, kad visada liktume dėkingi už Jėzaus Kristaus meilę ir malonę, sekdami Jo gyvenimu.

3 skyrius

Deginamoji auka

Tada kunigas pavers dūmais visą atnašą [jauną jautį] ant aukuro kaip ugninę atnašą malonaus kvapo auką VIEŠPAČIUI.

Kunigų knyga 1, 9

1. Deginamųjų aukų reikšmė

Deginamoji auka, Pirmoji iš Kunigų knygoje aprašytų aukų, yra seniausioji iš visų aukojimo apeigų. Posakio „deginamoji auka" etimologija yra „leisti kilti aukštyn." Deginamoji auka dedama ant aukuro ir visiškai sudeginama. Ji simbolizuoją visišką žmogaus pasiaukojimą, pamaldumą ir savanorišką tarnystę.

Aukojamo gyvulio sudeginimas, buvo plačiausiai paplitęs aukų atnašavimo būdas, liudijantis apie faktą, kad Jėzus pasiėmė mūsų nuodėmes ir paaukojo save kaip tobulą auką, kvapią Dievui (Laiškas efeziečiams 5, 2).

Dievui patinkantis kvapas nereiškia, kad Jis užuodžia aukojamo gyvulio kvapą. Tai reiškia, kad Jis jaučia žmogaus, atnešančio Jam auką, širdies kvapą. Dievas ištiria žmogaus dievobaimingumą ir meilę, su kuria šis atneša auką Dievui. Paskui jis priima žmogaus pamaldumą ir meilę.

Gyvulio papjovimas deginamosios aukos atnašavimui, reiškia mūsų gyvenimo atidavimą Dievui ir paklusimą visiems Jo įsakymams. Kitaip tariant, dvasinė deginamųjų aukų reikšmė yra mūsų pasiryžimas gyventi tik pagal Dievo žodį ir atiduoti Viešpačiui visas savo gyvenimo sritis doru ir šventu elgesiu.

Kalbant dabartine kalba, tai mūsų širdies pažadas atiduoti savo gyvenimą Dievui pagal Jo valią, lankant pamaldas per Velykas, Derliaus šventę, Padėkos šventę, Kalėdas ir kiekvieną sekmadienį. Dievo šlovinimas kiekvieną sekmadienį ir sekmadienio šventimas yra įrodymas, kad esame Dievo vaikai, ir mūsų dvasia priklauso Jam.

2. Atnaša deginamajai aukai

Dievas įsakė, kad deginamąja auka būtų atnašaujamas „sveikas patinėlis iš galvijų ar avių, ar ožkų kaimenės," kuris simbolizuoja tobulumą. Dievui reikia vyriškos lyties aukų, nes paprastai patinai būna ištikimesni savo principams negu patelės. Jie nesvyruoja ten ir atgal ar iš kairės į dešinę, nebūna klastingi ir nedvejoja. Taip pat faktas, kad Dievui reikia aukoti sveiką gyvulį, reiškia, kad turime šlovinti Jį dvasia ir tiesa, bet ne prislėgta dvasia.

Kai dovanojame ką nors savo tėvams, jie su džiaugsmu priima su meile ir rūpesčiu duodamas dovanas. Jeigu duodame nenoriai, mūsų tėvai negali priimti dovanų su džiaugsmu. Tai ir Dievas nepriima garbinimo, kai šloviname Jį be džiaugsmo, abejingai, apsnūdę ar pasinėrę į tuščias mintis. Jis mielai priims mūsų šlovinimą tik tuomet, kai mūsų širdies gelmės bus pilnos dangaus vilties, dėkingumo už išganymo malonę ir meilės mūsų Viešpačiui. Tik tuomet Dievas parodys mums išgelbėjimo kelią gundymų bei skausmų laikais ir ves į sėkmę visose srityse.

„Jauniklis bulius," kurį Dievas įsakė atnašauti kaip deginamąją auką Kunigų knygoje 1, 5 (A. Jurėno vertimas), turėjo būti dar nesiporavęs jautis ir dvasiškai reiškia Jėzaus Kristaus tyrumą ir nekaltumą. Ši eilutė atskleidžia Dievo troškimą, kad ateitume pas Jį su tyra ir atvira vaiko širdimi. Jis nenori, kad elgtumėmės vaikiškai ir nebrandžiai, bet trokšta, kad ugdytume savyje paprasto, paklusnaus ir nuolankaus vaiko širdį. Jauniklio buliaus ragai dar neužaugę, todėl jis nesibado ir būna nepiktas. Tai būdinga ir Jėzui Kristui, kuris yra švelnus, nuolankus ir romus kaip vaikas. Kaip Jėzus Kristus yra neturintis ydos tobulas Dievo Sūnus, taip ir auka, liudijanti apie Jį, turėjo būti be ydų.

Malachijo knygoje 1, 6-8 Dievas griežtai bara Izraelio tautos žmones, kurie atnašavo Jam suterštas ir netobulas aukas:

„Sūnus gerbia savo tėvą, tarnas savo šeimininką. Taigi jei aš tėvas, tai kur man priklausanti garbė? Ir jei aš šeimininkas, tai kur man priklausanti pagarba? sako Galybių VIEŠPATS jums, kunigai, niekinantys mano vardą. Klausiate: 'Kaip mes paniekinome tavo vardą?' Atnašaudami suterštą maistą ant mano aukuro! Klausiate: 'Kaip mes jį suteršėme?' Manydami, kad VIEŠPATIES stalą galima niekinti! Kai atnašaujate aukai aklus gyvulius, ar tai nėra bloga? Kai atnašaujate raišą ar nesveiką gyvulį, ar tai nėra bloga?

Pamėgink nunešti tai savo valdytojui. Ar patiksi jam, ar bus jis tau maloningas? sako Galybių VIEŠPATS."

Mes turime atnašauti Dievui tobulas aukas be dėmės ir ydų, šlovindami Jį dvasia ir tiesa.

3. Skirtingų atnašų reikšmė

Teisingas ir gailestingas Dievas žiūri į žmogaus širdį. Todėl jam rūpi ne aukos dydis, vertė ar kaina bet rūpestingumas, su kuriuo žmogus aukoja tikėjimu pagal savo aplinkybes. Dievas sako mums Antrame laiške korintiečiams 9, 7: „Kiekvienas tegul aukoja, kaip yra širdyje nutaręs, ne gailėdamas ar tarsi verčiamas, nes Dievas myli linksmą davėją." Dievas mielai priima mūsų dovanas, kai aukojame Jam linksmai pagal savo galimybes.

Kunigų knygos pirmame skyriuje Dievas smulkiai paaiškina, kaip aukoti jaučius, avinėlius, ožius ir paukščius. Nors jauni sveiki jaunikliai buliai buvo Dievui priimtiniausios deginamosios aukos, dalis žmonių neišgalėjo aukoti jaučių. Todėl maloningas ir gailestingas Dievas leido žmonėms atnašauti Jam avinėlius, ožius ir balandžius pagal individualias kiekvieno aukotojo aplinkybes ir sąlygas. Kokia dvasinė šių atnašų reikšmė?

1) Dievas priima aukas pagal kiekvieno galimybes.

Žmonių finansinės galimybės ir aplinkybės labai skiriasi; nedidelė suma vienam gali būti dideli pinigai kitam. Todėl Dievas mielai priėmė avinėlius, ožius ir balandžius, aukojamus Jam žmonių pagal kiekvieno galimybes. Būdamas teisingas ir mylintis Dievas leido visiems, turtuoliams ir vargšams, dalyvauti aukų atnašavime pagal kiekvieno galimybes.

Dievas maloniai nepriims ožio iš žmogaus, galinčio paaukoti jautį. Tačiau Jis mielai priims jautį iš to, kas išgali paaukoti tik avinėlį, ir greitai suteiks jam viską, ko trokšta širdis. Dievas sakė, kad aukojamas jautis, avinėlis, ožys ar balandis buvo Jam „malonaus kvapo" (Kunigų knyga 1, 9 ir 13 bei 17). Tai reiškia, kad aukos būna skirtingos, bet jeigu atnešame jas Dievui iš savo širdies gelmių, Jis žiūri į žmogaus širdį, ir jos visos skleidžia Jam malonų kvapą.

Evangelija pagal Morkų 12, 41-44 pasakoja, kaip Jėzus pagyrė auką atnešusią neturtingą našlę. Du pinigėliai, kuriuos ji įmetė, tuo laiku buvo pačios smulkiausios monetos, bet jie buvo viskas, ką ji turėjo. Nesvarbu, kokia maža auka, nes kai aukojame Dievui linksmai ir kiek galime, Jam patinka mūsų auka.

2) Dievas priima garbinimą pagal kiekvieno intelektą.

Girdint Dievo žodį, jo supratimas ir priimama malonė priklauso nuo kiekvieno klausytojo intelekto, išsilavinimo ir žinių. Net tame pačiame Dievo garbinimo susirinkime nelabai gabūs ar mažiau išsilavinę žmonės mažiau supranta ir atsimena Dievo žodį, palyginti su protingesniais ir labiau išsilavinusiais. Dievas visa tai žino ir nori, kad kiekvienas garbintų Jį iš širdies gelmių pagal savo intelekto galimybes, suprastų Dievo žodį ir gyventų pagal jį.

3) Dievas priima garbinimą pagal kiekvieno žmogaus amžių ir proto aštrumą.

Žmonėms senstant, jų atmintis ir supratimas susilpnėja, todėl daug senyvo amžiaus žmonių nebegali suprasti ir atsiminti Dievo žodžio. Net šiuo atveju, kai šie žmonės uoliai garbina Viešpatį iš visos širdies, Dievas, žinodamas visas aplinkybes, mielai priima iš jų garbinimą.

Nepamirškite, kad žmogui šlovinant Dievą su Šventosios Dvasios įkvėpimu, Dievo galybė yra su juo, net jeigu jam stinga išminties ir žinių arba jeigu jis senyvo amžiaus. Dievas per Šventosios Dvasios veikimą padeda jam suprasti tiesą ir maitintis Dievo žodžio duona. Todėl niekada nepasiduokite ir nesakykite: „Esu negabus" arba „Stengiausi, tačiau nieko neišeina," bet sukaupkite visas pastangas ir visa širdimi ieškokite Dievo galybės. Mūsų mylintis Dievas mielai priima atnašas, kurias žmonės Jam aukoja labai stengdamiesi pagal kiekvieno galimybes ir sąlygas. Štai kodėl Dievas Kunigų knygoje taip smulkiai nurodė, kaip atnašauti deginamąsias aukas, ir paskelbė savo teisingumą.

4. Jaučių aukojimas (Kunigų knyga 1, 3-9)

1) Sveiki jaunikliai buliai prie Susitikimo Palapinės įėjimo

Padangtės viduje buvo šventovė ir šventų švenčiausioji vieta. Tik kunigas galėjo įeiti į šventovę, ir tik vyriausiasis kunigas į šventų švenčiausiąją kartą metuose. Paprasti žmonės negalėjo įeiti į šventovę, jie galėjo tik atvesti deginamosioms aukoms jauniklius bulius prie Susitikimo Palapinės įėjimo.

Tačiau Jėzui sugriovus nuodėmės sieną, stovėjusią tarp Dievo ir mūsų, dabar galime tiesiogiai ir artimai bendrauti su Dievu. Senojo Testamento laikais žmonės savo darbais aukodavo aukas prie Susitikimo Palapinės įėjimo. Tuo tarpu šiandien, Naujojo Testamento laikais, mums suteikta teisė ateiti pas Dievą į šventų švenčiausiąją vietą, nes Šventoji Dvasia padaro mūsų širdį savo šventove, apsigyvena joje ir bendrauja su mumis.

2) Rankos uždėjimas ant galvos deginamajai aukai, uždedant nuodėmes, ir papjovimas

Kunigų knygoje 1, 4 parašyta: „Ten jis uždės ranką ant galvos deginamajai aukai, kad ji būtų priimta jo labui kaip permaldavimas už jį." Rankos uždėjimas ant galvos deginamajai aukai simbolizuoja žmogaus nuodėmių uždėjimą ant deginamosios aukos, ir tik po to Dievas duodavo nuodėmių atleidimą per deginamosios aukos kraują.

Rankos uždėjimas gali reikšti ne tik nuodėmių uždėjimą, bet ir palaiminimą bei patepimą. Žinome, kad Jėzus uždėdavo ranką, laimindamas vaikus ir gydydamas žmonių ligas bei negalias. Rankų uždėjimu apaštalai suteikdavo žmonėms Šventąją Dvasią ir Jos dovanas. Rankos uždėjimas taip pat reiškia daikto atidavimą Dievui. Kai dvasininkas ar dvasininkė uždeda ranką ant atneštų aukų, tai reiškia jų atidavimą Dievui.

Palaiminimas pamaldų pabaigoje arba Dievo šlovinimo susirinkimo baigimas Viešpaties malda yra skirti Dievui, dėkojant už malonų garbinimo iš mūsų priėmimą. Kunigų knygoje 9, 22-24 parašyta, kad vyriausiasis kunigas Aaronas „pakėlė rankas žmonių link ir palaimino juos," atnešęs Dievui nuodėmes ir deginamąsias aukas pagal Dievo duotus nurodymus. Kai sekmadienį švenčiame Viešpaties dieną ir bažnyčios susirinkimo pabaigoje priimame palaiminimą, Dievas ne tik apsaugo mus nuo priešo velnio ir šėtono bei gundymų ir vargų, bet ir apipila gausiais palaiminimais.

Ką reiškia papjauti sveiką jauniklį bulių kaip deginamąją auką? Atpildas už nuodėmę mirtis, todėl žmonės už savo kaltes žudė gyvulius. Jauniklis bulius, dar nesiporavęs, yra mielas kaip nekaltas vaikas. Dievas norėjo, kad kiekvienas žmogus atneštų deginamąją auką su nekalto vaiko širdimi ir niekada daugiau nebedarytų nuodėmių. Jis norėjo, kad kiekvienas žmogus atgailautų už savo nuodėmes ir išlaisvintų savo širdį.

Apaštalas Paulius gerai žinojo, ko Dievas norėjo, ir todėl, net gavęs nuodėmių atleidimą ir Dievo vaiko valdžią bei galią, „kasdien mirė." Pirmame laiške korintiečiams 15, 31 jis sako: „Prisiekiu savo pasididžiavimu jumis, broliai, mūsų Viešpatyje Kristuje Jėzuje, jog aš kasdien mirštu," nes mes galime aukoti savo kūną kaip šventą ir gyvą auką Dievui, tik atmetę viską, kas nepatinka Dievui: netiesą širdyje, puikybę, godumą, savo kūniško mąstymo rėmus, teisuoliškumą ir visas kitas nedorybes.

3) Kunigas išlieja kraują ant visų aukuro šonų

Papjovęs jauniklį bulių, ant kurio uždėjo aukotojo nuodėmes, kunigas išliedavo kraują aplink aukurą prie įėjimo į Susitikimo Palapinę, nes Kunigų knyga 17, 11 sako: „Gyvūno gyvybė yra kraujyje. Daviau jums kraują, kad ant aukuro atliktumėte permaldavimą už savo gyvybę; kraujas atlieka permaldavimą, nes jis yra gyvybė." Kraujas simbolizuoja gyvybę. Todėl ir Jėzus išliejo savo kraują, atpirkdamas mus iš nuodėmės.

„Ant visų aukuro šonų" reiškia rytus, vakarus, šiaurę ir pietus, kitaip tariant, kur tik žmogus eitų. Todėl kraujo išliejimas „ant visų aukuro šonų" rodo, kad žmogaus nuodėmės atleistos, kur jis bežengtų. Tai reiškė, kad jis gauna atleidimą už nuodėmes, padarytas bet kokiu būdu, ir yra nukreipiamas į kelią, kuriuo Dievas jį veda – tolyn nuo kelių, kurių būtina vengti.

Tas pats ir šiandien. Aukuras yra sakykla, iš kurios skelbiamas Dievo žodis, o Viešpaties tarnas, vadovaujantis bažnyčios susirinkimui, atlieka išliejančio kraują kunigo vaidmenį. Dievo šlovinimo pamaldose girdime Dievo žodį ir tikėjimu mūsų Viešpaties kraujo galia gauname atleidimą už viską, ką padarėme prieš Dievo valią. Gavę nuodėmių atleidimą per kraują, turime eiti tik ten, kur Dievas nori, kad niekada nebenusidėtume.

4) Deginamosios aukos nulupimas ir sukapojimas į gabalus

Gyvulys, aukojamas kaip deginamoji auka, pirmiausia turi būti nuluptas ir tik paskui visiškai sudegintas. Gyvulių oda stora, ją sunku visiškai sudeginti, ir degdama ji skleidžia bjaurų dvoką. Siekiant, kad deginamoji auka skleistų malonų kvapą, ji būdavo nulupama. Kokį dabartinį Dievo šlovinimo aspektą galima palyginti su šia procedūra?

Dievas jaučia Jį šlovinančio žmogaus malonų kvapą ir nepriima nieko, kas maloniai nekvepia. Norėdami, kad garbinimas būtų Dievui malonus kvapas, turime atmesti pasaulio nešvarumus ir ateiti pas Dievą su pamaldžiu ir šventu elgesiu. Gyvenime susiduriame su įvairiais aspektais, kurie nebūna nuodėmingi prieš Dievą, bet kuriems tikrai toli iki pamaldumo ir šventumo. Kai kurie pasaulio nešvarumai, kuriais buvome susitepę iki savo gyvenimo su Kristumi, gali toliau gadinti mums gyvenimą, pavyzdžiui: išlaidumas, tuštybė ir pagyrūniškumas. Kai kuriems žmonėms patinka vaikščioti į prekybos centrus ir parduotuves apžiūrinėti vitrinų, todėl jie dažnai tai daro ir prisiperka nereikalingų daiktų. Kiti būna priklausomi nuo televizijos ar vaizdo žaidimų. Jeigu mūsų širdis užvaldyta šių dalykų, mes nutolstame nuo Dievo meilės. Be to, jeigu ištirsime save, atrasime pasaulio netiesos, purvo ir pamatysime, kad daug kur esame netobuli prieš Dievą. Norėdami būti tobuli prieš Dievą, tusime visa tai atmesti. Prieš ateidami pas Dievą šlovinti Jį, pirmiausia turime atgailauti dėl visų pasaulio nešvarumų mumyse, kad mūsų širdis taptų pamaldesnė ir šventesnė.

Atgailavimas dėl nuodėmingų, nešvarių ir netobulų aspektų mūsų gyvenime prieš Dievo garbinimą yra tolygus gyvulio nulupimui deginamosios aukos atnašavime. Norėdami tai padaryti, turime paruošti savo širdį, anksčiau atvykę į pamaldas bažnyčioje. Būtinai maldoje padėkokite Dievui už visų jūsų nuodėmių atleidimą bei apsaugą ir ištyrę save melskitės atgailos malda.

Kai žmogus paaukodavo Dievui gyvulius, kurie būdavo nulupti, sukapoti į gabalus ir sudeginti, Dievas suteikdavo žmogui nusižengimų bei nuodėmių atleidimą ir leisdavo kunigui panaudoti odas savo nuožiūra. „Sukapojimas į gabalus" reiškia gyvulio galvos, kojų, šonų, ir užpakalinių ketvirčių atskyrimą į atskiras dalis, išėmus vidurius.

Kai vaišiname arbūzais ar obuoliais mūsų senyvo amžiaus artimuosius, mes neduodame jiems jų visų, bet nulupame ir patiekiame, gražiai supjaustę. Tai pat ir atnašaujant aukas Dievui, žmonės nedegindavo visos aukos, bet atlikdavo aukojimo apeigas pagal kruopščiai nustatytą tvarką.

Kokią dvasinę reikšmę turi aukų sukapojimas į gabalus?

Pirma, Dievo garbinimo susirinkimai yra suskirstyti į skirtingas kategorijas: sekmadienio rytines ir vakarines pamaldas, trečiadienio vakarinius ir penktadienio vakaro maldos per visą naktį susirinkimus. Skirtingi bažnyčios susirinkimai yra tolygūs aukų sukapojimui į gabalus Senojo Testamento laikais.

Antra, mūsų maldos turinio padalinimas yra tolygus aukų „sukapojimui į gabalus." Paprastai atgaila skirstoma į atgailą ir piktųjų dvasių nuvarymą šalin, po kurio eina padėkos malda. Paskui meldžiamės už bažnyčią: Šventovės statybą, bažnyčios tarnautojus ir darbuotojus, po to už savo pareigų įvykdymą, sielos klestėjimą bei širdies troškimus ir baigiame baigiamąją malda.

Žinoma, galime melstis eidami gatve, vairuodami ar ilsėdamiesi. Galime patirti Dievo artybę tylos valandėlėje ar medituodami ir galvodami apie Dievą ir mūsų Viešpatį. Atsiminkite, kad išskyrus meditacijos valandėles, nusistatytos reguliarios maldos, suskirstytos į temas, yra tokios pat svarbios kaip aukos sukapojimas į gabalus. Tuomet Dievas maloniai priims jūsų maldas ir greitai atsilieps.

Trečia, aukos „sukapojimas į gabalus" reiškia, kad visas Dievo žodis yra padalintas į 66 knygas. 66 Biblijos knygos vieningai atskleidžia tiesą apie gyvąjį Dievą ir išgelbėjimo per mūsų Viešpatį Jėzų Kristų apvaizdą. Tačiau Dievo žodis padalintas į atskiras knygas, ir kiekviena knyga derinasi su visomis kitomis be jokių neatitikimų. Suskirstytas į skirtingas kategorijas Dievo žodis sistemingiau perteikia Dievo valią, kad mums būtų lengviau maitintis jo dvasine duona.

Ketvirta, ir visų svarbiausia, atnašaujamos aukos „sukapojimas į gabalus" reiškia, kad pamaldos bažnyčioje dalinamos į skirtingas dalis ir susideda iš įvairių komponentų. Atgailos malda prieš pamaldų pradžią ir trumpa meditacija yra pirmas komponentas, o Viešpaties malda arba palaiminimas užbaigia tikinčiųjų susirinkimą. Tarp pradžios ir pabaigos būna Dievo žodžio skelbimas, užtarimo malda, šlovinimas, Šventojo Rašto skaitymas, aukų rinkimas ir kiti komponentai. Kiekvienas vyksmas turi savo reikšmę, ir Dievo garbinimas nustatyta tvarka yra tolygus atnašaujamos aukos sukapojimui į gabalus.

Kaip visų aukos dalių sudegimas užbaigia deginamosios aukos atnašą, taip mes turime visa širdimi atsiduoti Dievo garbinimui nuo pamaldų pradžios iki pabaigos. Dalyviai turi niekada nevėluoti ir neišeiti pamaldų metu dėl asmeninių reikalų, išskyrus gyvybiškai svarbios būtinybės atvejus. Kai kurie žmonės atlieka įvairias pareigas bažnyčioje, pavyzdžiui, savanoriauja ar prižiūri tvarką, todėl jiems gali būti leidžiama anksčiau pakilti iš savo vietų. Žmonės gali stengtis nepavėluoti į trečiadienio vakarinį ar penktadienio maldos per visą naktį susirinkimus, bet nesuspėti laiku dėl darbo ar kitų neišvengiamų aplinkybių. Tačiau Dievui, matančiam širdis, jų šlovinimas vis tiek bus malonaus kvapo.

5) Kunigas užkuria ugnį ant aukuro ir prikrauna į ugnį malkų

Sukapojęs auką kunigas turi sudėti visus jos gabalus ant aukuro ir sudeginti. Todėl kunigui buvo nurodyta „užkurti ant aukuro ugnį ir prikrauti į ugnį malkų." Čia „ugnis" dvasiškai reiškia Šventosios Dvasios ugnį, o malkos ugnyje reiškia Biblijos kontekstą ir turinį. Kiekvienas žodis 66 Biblijos knygose turi būti naudojamas kaip malka. Dvasine prasme „prikrauti į ugnį malkų" reiškia paruošti dvasinę duoną iš kiekvieno Biblijos žodžio, veikiant Šventajai Dvasiai.

Pavyzdžiui, Evangelijoje pagal Luką 13, 33 Jėzus sako: „Nedera juk pranašui žūti ne Jeruzalėje." Pastangos suprasti šią eilutę pažodžiui bus tuščios, nes daug Dievo žmonių, pavyzdžiui, apaštalai Paulius ir Petras, žuvo ne Jeruzalėje. Šioje eilutėje „Jeruzalė" reiškia ne materialų miestą, bet miestą pagal Dievo širdį ir valią, „dvasinę Jeruzalę," kuri yra „Dievo žodis. Todėl posakis „Nedera juk pranašui žūti ne Jeruzalėje" reiškia, kad pranašas gyvena Dievo žodžio ribose.

Suprasti skaitomą Bibliją ir pamokslus, kuriuos girdime bažnyčioje, galime tik su Šventosios Dvasios įkvėpimu. Bet kuri Dievo žodžio dalis, pranokstanti žmogaus pažinimo, mąstymo ir supratimo ribas, gali būti suprasta per Šventosios Dvasios įkvėpimą, kuris leidžia prasiskverbti Dievo žodžiui į mūsų širdies gelmes, ir mes tikime juo visa širdimi. Trumpai tariant, mes dvasiškai augame, tik suprasdami Dievo žodį per Šventosios Dvasios veikimą bei įkvėpimą ir taip pažindami Dievo širdį, kuri apsigyvena ir įleidžia šaknis mūsų širdyse.

6) Sukapotų dalių drauge su galva ir taukais išdėliojimas ant ugnies ir malkų, esančių ant aukuro

Kunigų knygoje 1, 8 parašyta: „Aarono sūnūs, kunigai, išdėlios sukapotas dalis drauge su galva ir taukais ant ugnies ir malkų, esančių ant aukuro." Kunigas turėdavo išdėlioti sukapotas dalis su galva ir taukais deginamajai aukai.

Aukos galvos sudeginimas reiškia visų neteisingų minčių, kylančių mūsų galvoje, sudeginimą, nes mūsų mintys kyla galvoje, ir dauguma nuodėmių prasideda nuo minčių. Šio pasaulio žmonės nesmerkia žmogaus kaip nusidėjėlio, jeigu jo nuodėmės nepasireiškia veiksmais, bet kaip sako Jono pirmas laiškas 3,15: „Kuris nekenčia savo brolio, tas žmogžudys," neapykantos laikymą Dievas vadina nuodėme.

Jėzus atpirko mus iš nuodėmės prieš 2000 metų. Jis atpirko mus iš nuodėmių, kurias padarome ne tik savo rankomis ir kojomis, bet ir mintimis. Jėzaus rankos ir kojos buvo prikaltos mūsų atpirkimui iš nuodėmių, kurias padarome rankomis ir kojomis, Jam buvo uždėtas erškėčių vainikas mūsų atpirkimui iš nuodėmių, kurias padarome mintimis, kylančiomis mūsų galvose. Kadangi mums jau atleistos nuodėmės, kurias padarome mintimis, mums nebereikia aukoti Dievui gyvulio galvos. Vietoje gyvulio galvos aukojimo turime Šventosios Dvasios ugnimi sudeginti savo nuodėmingas mintis, visada atmesdami melą ir mąstydami tiesą. Kai visą laiką mąstome apie tiesą, nebelaikome galvoje melo ir tuščių minčių. Kai Šventoji Dvasia veda žmones į tuščių minčių atmetimą, susitelkimą į skelbiamą žinią ir įrašo ją širdyse pamaldų metu, jie atneša Dievui dvasinį šlovinimą, kurį Jis priima.

Taukai yra energijos ir gyvybės šaltinis. Jėzus tapo auka, išliedamas visą savo kraują ir vandenį. Kai tikime į Jėzų kaip savo Viešpatį, mums nebereikia aukoti Dievui gyvulių aukų. Tačiau tikėjimas į Viešpatį yra ne tik išpažinimas lūpomis: „Tikiu." Jeigu tikrai tikime, kad Viešpats atpirko mus iš nuodėmės, turime atmesti nuodėmę, būti Dievo žodžio keičiami ir šventai gyventi. Net Dievo šlovinimo metu turime sutelkti visą savo energiją – kūną, širdį, valią bei visas pastangas – ir atnešti Dievui dvasinį šlovinimą. Žmogus, kuris sutelkia visą savo energiją į Dievo šlovinimą, įsideda Dievo žodį ne tik į galvą, bet ir giliai į širdį. Tik įsiskverbęs į žmogaus širdies gelmes Dievo žodis tampa gyvybe, stiprybe ir palaiminimu jo dvasiai ir kūnui.

7) Kunigas apiplauna vandeniu vidurius bei kojas ir paverčia dūmais visą atnašą ant aukuro

Nors kitos aukos dalys būdavo aukojamos tokios, kokios yra, Dievas įsakė vidurius ir kojas, nešvarias gyvulio dalis, prieš aukojimą apiplauti vandeniu. „Apiplauti vandeniu" reiškia auką atnašaujančio žmogaus nešvarumų nuplovimą. Kokius nešvarumus reikia nuplauti? Senojo Testamento laikais žmonės nuplaudavo aukos nešvarumus, o Naujojo Testamento laikais turi nusiplauti širdies purvą.

Evangelijos pagal Matą 15 skyrius pasakoja kaip fariziejai ir Rašto aiškintojai priekaištavo Jėzaus mokiniams už valgymą nešvariomis rankomis. Jėzus jiems pasakė: „Ne kas patenka į burną, suteršia žmogų, bet kas išeina iš burnos, tai suteršia žmogų" (11-a eilutė). Viskas, kas patenka į burną, eina į pilvą ir išmetama laukan; o kas išeina iš burnos, eina iš širdies ir tikrai turi ilgalaikį poveikį, kaip Viešpats Jėzus toliau sako 19-20 eilutėse: „Iš širdies išeina pikti sumanymai, žmogžudystės, svetimavimai, ištvirkavimai, vagystės, melagingi liudijimai, šmeižtai. Šie dalykai suteršia žmogų, o valgymas nemazgotomis rankomis žmogaus nesuteršia." Turime apsivalyti nuo širdies nuodėmių ir nedorybių Dievo žodžiu.

Kuo daugiau Dievo žodžio prasiskverbia į mūsų širdį, tuo daugiau nuodėmių ir nedorybių atsikratome. Pavyzdžiui, jeigu žmogus maitinsis Dievo meilės žodžio duona, neapykanta išnyks. Jei nuolankumo duona, šis pakeis puikybę. Jei žmogus minta tiesos duona, melas ir apgaulė išnyksta jame. Kuo daugiau maitinsimės tiesos duona, tau daugiau nuodėmingos prigimties savybių atmesime. Tikėjimas palaipsniui augs, kol pasieks Kristaus pilnatvės saiką. Dievo galia ir valdžia lydės žmogų pagal jo tikėjimo mastą. Jis ne tik gaus, ko trokšta širdis, bet ir patirs palaiminimus visose savo gyvenimo srityse.

Tik apiplovus vidurius bei kojas ir padėjus ant ugnies visą atnašą, ji skleis malonų kvapą. Kunigų knyga 1, 9 apibrėžia tai kaip „ugninę atnašą malonaus kvapo auką VIEŠPAČIUI." Kai mes šloviname Dievą dvasia ir tiesa pagal Jo žodį apie deginamąsias aukas, mūsų garbinimas tampa ugnine atnaša, kuri Dievui patinka ir atneša Jo atsakymus į mūsų maldas. Kai mūsų širdis, šlovinanti Viešpatį, skleis malonų kvapą Dievui, Jis palaimins mus klestėjimu visose gyvenimo srityse.

5. Atnaša iš avių ar ožkų kaimenės (Kunigų knyga 1, 10-13)

1) Sveikas avinas arba ožys

Taip pat kaip ir jaučių aukojime, atnaša iš avių ar ožkų kaimenės turėjo būti jaunas patinėlis be kliaudų. Dvasine prasme, aukos be kliaudų atnašavimas reiškia Dievo šlovinimą tobula širdimi, kupina džiaugsmo ir dėkingumo. Dievo įsakymas aukoti patinėlį reiškia „šlovinimą ryžtinga ir nesvyruojančia širdimi." Auka gali skirtis priklausomai kiekvieno žmogaus finansinių aplinkybių, bet aukotojo nusiteikimas visada turi būti šventas ir tobulas.

2) Auka turėjo būti papjauta prie šiaurinio aukuro krašto, o kunigas išliedavo jos kraują ant visų aukuro šonų

Kaip ir jaučių aukojimo metu, gyvulio kraujo išliejimas ant visų aukuro šonų reiškė atleidimą už nuodėmes, padarytas visur –rytuose, vakaruose, šiaurėje ir pietuose. Dievas leisdavo atpirkti

nuodėmes vietoje žmogaus paaukoto gyvulio krauju.
Kodėl Dievas įsakė papjauti auką šiaurinėje aukuro pusėje? "Šiaurinė pusė" arba "šiaurė" dvasine prasme simbolizuoja šaltį ir tamsą ir dažnai reiškia tai, kas Dievui nepatinka, kai Jis drausmina ar peikia nusidėjėlius.

Jeremijo knygoje 1, 14-15 parašyta

"Iš šiaurės išsilies nelaimė ant visų krašto gyventojų! Štai aš šaukiu visas šiaurės karalystes, tai VIEŠPATIES žodis. Jos ateis, ir kiekvienas karalius pasistatys savo sostą prie Jeruzalės vartų, priešais jos mūro sieną ir prieš visus Judo miestus."

Dievas sako Jeremijo knygoje 4, 6: "Bėkite į saugią vietą! Negaišuokite! Mat nelaimę siunčiu iš šiaurės, didį nuniokojimą."

Kaip matome Biblijoje, "šiaurė" reiškia Dievo bausmę, ir aukojamo gyvulio papjovimas "prie šiaurinio aukuro krašto" buvo prakeikimo simbolis.

3) Sukapota auka buvo išdėliojama drauge su galva ir taukais viršum degančių malkų ant aukuro, o viduriai ir kojos apiplaunamos vandeniu, paskui atnašaujama visa, paverčiant dūmais ant aukuro

Kaip ir deginamoji auka iš jaučių bandos, ugninė atnaša iš avių ar ožkų kaimenės buvo aukojama už nuodėmes, kurias Dievo tautos žmonės padarydavo savo mintimis, rankomis ir kojomis. Senasis Testamentas yra kaip šešėlis, o Naujasis – kaip tikrasis pavidalas. Dievas nori, kad ne tik gautume atleidimą už darbais padarytas nuodėmes, bet ir gyventume pagal Jo žodį, apipjaustydami savo širdį. Tai reiškia, kad turime atnašauti Dievui dvasinę auką, garbindami Jį savo kūnu, širdimi bei valia ir misdami Šventosios Dvasios įkvėpto Dievo žodžio duona, atmesdami melą ir gyvendami tiesa.

6. Atnaša iš paukščių (Kunigų knyga 1, 14-17)

1) Purplelis arba balandis
Purpleliai yra romiausi ir protingiausi iš visų paukščių, puikiai paklūstantys žmonėms. Jų mėsa švelni, ir jie atneša daug naudos žmogui, todėl Dievas liepė aukoti jaunus purplelius arba balandžius, nes norėjo tyrų ir romių aukų. Balandžiai simbolizuoja auka tapusio Jėzaus nuolankumą ir romumą.

2) Kunigas atnešdavo auką prie aukuro, nusukdavo galvą, perplėšdavo paukštį per vidurį, pusių neatskirdamas, ir ant aukuro paversdavo dūmais, kraują išliejęs ant aukuro šono.
Jauni balandžiai labai maži, todėl jų nereikėjo kapoti į gabalus, ir kraujo buvo nedaug. Skirtingai nuo gyvulių, kuriuos reikėdavo papjauti prie šiaurinio aukuro krašto, paukščio galva būdavo nusukama, ir kraujas išliejamas; tai buvo ir rankos uždėjimas ant balandžio galvos. Aukos kraujas turėdavo būti išliejamas aplink aukurą, bet paukščio kraują išliedavo ant aukuro šono dėl jo mažo kiekio.

Be to, dėl mažo dydžio sukapotas į gabalus balandis taptų neatpažįstamas. Todėl jis būdavo perplėšiamas per vidurį, pusių neatskiriant. Paukščiams sparnai yra jų gyvybė. Balandžio perplėšimas, laikant už sparnų, simbolizuoja visišką žmogaus pasidavimą ir net gyvybės atidavimą Dievui.

3) Gurklys su viskuo kas jame būdavo numetamas į pelenams skirtą vietą rytinėje aukuro pusėje

Prieš aukojamo paukščio sudeginimą gurklys su viskuo kas jame būdavo atskiriamas. Jautukų, avinėlių ir ožiukų viduriai būdavo ne išmetami, bet sudeginami, apiplovus vandeniu, tačiau balandžio gurklį ir vidurius sunku išvalyti, todėl Dievas leido juos išmesti. Balandžio gurklio išmetimas, kaip ir gyvulių nešvarių dalių apiplovimas, simbolizuoja mūsų nešvarios širdies ir buvusio elgesio, kai gyvenome nuodėmėje ir nedorybėje, apvalymas, šlovinant Dievą dvasia ir tiesa.

Paukščio gurklys su viskuo kas jame būdavo numetamas į pelenams skirtą vietą rytinėje aukuro pusėje. Pradžios knyga 2, 8 sako, kad „Dievas užveisė sodą Edene, rytuose." Dvasine prasme „rytai" reiškia šviesos užlietą erdvę. Net Žemėje, kurioje gyvename, saulė kyla rytuose ir pakilusi išsklaido tamsą.

Kokią reikšmę turi gurklio numetimas su viskuo jame rytinėje aukuro pusėje?

Tai simbolizuoja mūsų atėjimą pas Viešpatį, kuris yra Šviesa, atmetus nuodėmės ir pykčio purvą, atnašaujant deginamąją auką Dievui. Kaip parašyta Laiške efeziečiams 5, 13-14: „Visa, kas atskleista, šviesa padaro regima, o kas padaryta regima, yra šviesa," mes atmetame regimą nuodėmės purvą ir tampame Dievo vaikais, ateidami į Šviesą. Todėl aukos nešvarumų išmetimas rytinėje aukuro pusėje dvasiškai reiškia, kad mes, gyvendami tarp dvasinio netyrumo – nuodėmės ir pikto, atmetame nuodėmę ir tampame Dievo vaikais.

Deginamosios atnašos iš jaučių, avinėlių, ožiukų ir paukščių padeda mums suprasti Dievo meilę ir teisingumą. Dievas liepė atnašauti deginamąsias aukas, nes norėjo, kad Izraelio tauta kiekvieną gyvenimo akimirką gyventų tiesioginėje ir artimoje draugystėje su Juo, nuolat atnašaudama deginamąsias aukas. Tikiuosi, kai atsiminsite tai, šlovinsite Dievą dvasia ir tiesa bei ne tik švęsite Viešpaties dieną, bet ir atnešite Dievui malonų savo širdies kvapą 365 dienas per metus. Tuomet mūsų Dievas, kuris mums pažadėjo: „Džiaukis iš širdies VIEŠPAČIU, ir jis suteiks tau, ko trokšta tavo širdis" (Psalmynas 37, 4), apipils mus sėkme ir nuostabiais palaiminimais visur, kur tik eisime.

4 skyrius

Javų atnaša

Kai kas nors duoda javų atnašą VIEŠPAČIUI, jo atnaša turi būti geriausi miltai. Jis užpils ant jų aliejaus, apibarstys smilkalais.

Kunigų knyga 2, 1

1. Javų atnašavimo reikšmė

Kunigų knygos antras skyrius nurodo, kaip aukoti javų atnašą Dievui, kad ji būtų gyva ir šventa auka, kuri Jam patinka. Kunigų knygoje 2, 1 parašyta: „Kai kas nors duoda javų atnašą VIEŠPAČIUI, jo atnaša turi būti geriausi miltai." Javų atnaša turėjo būti aukojama Dievui, smulkiai sumalus grūdus. Tai padėkos auka Dievui, kuris davė mums gyvenimą ir duoda kasdienės duonos. Dabartine kalba tai reiškia padėkos auką sekmadienio pamaldose, atnašaujamą Dievui už apsaugą per praėjusią savaitę.

Atnašaujant aukas Dievui, atnašai už nuodėmę buvo reikalingas gyvulių, jaučių ar avinėlių, kraujo praliejimas, nes žmonių nuodėmių atleidimas per gyvulių kraujo praliejimą užtikrindavo, kad Šventas Dievas išklausys jų maldas ir prašymus. Tačiau javų atnaša buvo padėkos auka, nereikalaujanti kraujo praliejimo, atnašaujama kaip deginamoji auka. Žmonės atnešdavo Dievui savo derliaus pirmienas, dėkodami Jam už suteiktas sėklas sėjai, maistą ir apsaugą iki derliaus nuėmimo.

Javų atnaša paprastai būdavo miltai. Žmonės taip pat atnašaudavo krosnyje iškeptą duoną iš geriausių miltų ir derliaus pirmienų. Visos atnašos turėjo būti su aliejumi ir druska, apibarstytos smilkalais. Sauja atnašaujamų miltų būdavo paverčiama dūmais, kad paskleistų Dievui malonų kvapą. Išėjimo knyga 40, 29 sako: „Aukurą deginamosioms aukoms jis pastatė Susitikimo Palapinėje prie įėjimo į Padangtę ir atnašavo ant jo deginamąsias aukas bei javų atnašas, kaip VIEŠPATS buvo Mozei įsakęs." Dievas įsakė atnašauti deginamąją ir javų aukas tuo pačiu metu. Todėl mūsų Dievo garbinimas būna tikrai dvasinis tik tuomet, kai sekmadieniais bažnyčios susirinkime atnešame Jam padėkos aukas.

„Javų atnašos" etimologija yra „auka" ir „dovana." Dievas nori, kad ateitume į Jo šlovinimo susirinkimus ne tuščiomis rankomis, bet darbais parodytume širdies dėkingumą, atnešdami Jam padėkos aukas. Laiške tesalonikiečiams 5, 18 Jis mums sako: „Visokiomis aplinkybėmis dėkokite, nes to Dievas nori iš jūsų Kristuje Jėzuje," ir Evangelijoje pagal Matą 6, 21: „Nes kur tavo lobis, ten ir tavo širdis."

Kodėl mes turime visokiomis aplinkybėmis dėkoti ir duoti Dievui javų atnašas? Pirma, visa žmonija ėjo pražūties keliu dėl Adomo nepaklusnumo, bet Dievas davė mums Jėzų kaip permaldavimą už mūsų nuodėmes. Jėzus atpirko mus iš nuodėmių, ir per Jį mes gavome amžinąjį gyvenimą. Dievas, kuris sukūrė visatą ir žmogų, dabar yra mūsų Tėvas, ir mes galime džiaugtis Dievo vaikų valdžia. Jis suteikė mums amžinąjį Dangų, tad ar galime Jam nedėkoti?

Dievas davė mums saulę ir lietų, vėją ir klimatą, leidžiantį pjauti gausų derlių, per kurį suteikia mums kasdienę duoną. Turime Jam dėkoti. Be to, Dievas saugo mus nuo šio pasaulio, pilno nuodėmių, neteisybės, ligų ir nelaimių. Jis atsako į mūsų tikėjimo maldas ir visada laimina, kad gyventume pergalingai. Kaip galėtume Jam nedėkoti!

2. Javų atnaša

Kunigų knygoje 2, 1 Dievas sako: „Kai kas nors duoda javų atnašą VIEŠPAČIUI, jo atnaša turi būti geriausi miltai. Jis užpils ant jų aliejaus, apibarstys smilkalais." Grūdai, atnašaujami Dievui kaip javų atnaša, turėdavo būti smulkiai sumalti. Dievo įsakymas atšauti „geriausius miltus" rodo su kokia širdimi turime atnešti Jam aukas. Grūdai tampa geriausiais miltais tik po kūlimo, malimo ir sijojimo procesų, reikalaujančių daug pastangų ir atidumo. Valgiai, pagaminti iš geriausių miltų, turi patrauklią spalvą, gražiai atrodo ir yra labai skanūs.

Dievo įsakymas atnašauti „geriausius miltus" dvasine prasme reiškia, kad Dievas priima rūpestingai ir džiugiai paruoštas atnašas. Jis mielai priima darbais rodomą širdies dėkingumą, bet ne mūsų dėkojimą vien lūpomis. Todėl atnešdami dešimtines ir padėkos aukas, turime aukoti iš visos širdies, kad Dievas maloniai priimtų jas.

Dievui priklauso visa visata, ir Jis įsakė atnešti aukas ne

todėl, kad jam ko nors trūksta. Jis turi galią padidinti kiekvieno žmogaus turtą ir atimti jį iš bet ko. Dievas nori priimti iš mūsų aukas, kad dar daugiau ir gausiau mus palaimintų per aukas, kurias atnešame Jam su tikėjimu ir meile.

Antrame laiške korintiečiams 9, 6: „Kas šykščiai sėja, šykščiai ir pjaus, o kas dosniai sėja, dosniai ir pjaus." Tai dvasinės karalystės dėsnis. Norėdamas kuo gausiau mus palaiminti, Dievas moko atnešti padėkos aukas.

Kai mes aukojame, tikėdami šiuo faktu, duodame iš visos širdies, kaip atnašaudami Dievui geriausius miltus, turime duoti Jam brangiausias atnašas, be kliaudos ir tyras.

„Geriausi miltai" taip pat reiškia Jėzaus prigimtį ir gyvenimą, kurie yra tobuli. Tai moko mus labai rūpestingai paruošti atnašą, turime gyventi, uoliai triūsdami ir būdami paklusnūs.

Kai buvo aukojama javų atnaša, sumaišytus su aliejumi miltus iškepus krosnyje ar keptuvėje, kunigas paversdavo ją dūmais ant aukuro. Skirtingi javų aukos atnašavimo būdai reiškia, kad žmonės turėjo skirtingų pragyvenimo šaltinių, ir jų dėkingumo priežastys buvo skirtingos.

Kitaip tariant, be to, už ką visada dėkojame Dievui sekmadieniais, galime padėkoti už palaiminimus ir patenkintus mūsų širdies troškimus, gundymų ir išbandymų įveikimą tikėjimu ir kitus dalykus. Dievas liepė mums „visokiomis aplinkybėmis dėkoti," todėl turime ieškoti dėkingumo priežasčių ir dėkoti. Tik tuomet Dievas priims mūsų širdžių kvapą ir pasirūpins, kad savo gyvenime turėtume gausybę dėkingumo priežasčių.

3. Javų atnašos aukojimas

1) Javų atnaša iš geriausių miltų su aliejumi ir smilkalais
Aliejaus užpylimas ant geriausių miltų paverčia juos tešla ir puikia duona, o smilkalų užbarstymas pagerina atnašos kokybę ir išvaizdą. Kunigas, paėmęs iš jos saują geriausių miltų ir aliejaus, drauge su visais smilkalais paversdavo dūmais ant aukuro, ir pasklisdavo malonus kvapas.

Kokią reikšmę turi aliejaus užpylimas ant miltų?

„Aliejus" čia reiškia gyvūnų taukus arba iš augalų išspaustą aliejų. Geriausių miltų sumaišymas su „aliejumi" reiškia, kad turime atiduoti visą savo energiją – visa gyvenimą – aukodami atnašas Dievui. Kai šloviname Dievą arba atnešame Jam aukas, Dievas suteikia mums Šventosios Dvasios įkvėpimą ir pilnatvę bei leidžia gyventi tiesioginėje ir artimoje draugystėje su Juo. Aliejaus užpylimas ant miltų reiškia, kad viskas, ką atnešame Dievui, turi būti atiduota iš visos širdies.

Ką reiškia atnašos apibarstymas smilkalais?
Laiškas romiečiams 5, 7 sako: „Vargu ar kas sutiktų mirti

už teisųjį; nebent kas ryžtųsi numirti už geradarį." Tačiau paklusdamas Dievo valiai Jėzus numirė už mus, ne teisius ar gerus, bet nuodėmingus. Ar įsivaizduojate, koks malonus Dievui buvo Jėzaus meilės kvapas? Jėzus sunaikino mirties valdžią, prisikėlė, sėdi Dievo dešinėje, tapo karalių Karaliumi ir tikrai neapsakomai kvapia auka Dievui.

Laiškas efeziečiams 5, 2 ragina: „Gyvenkite meile, kaip ir Kristus pamilo jus ir atidavė už mus save kaip atnašą ir kvapią auką Dievui." Kai Jėzus buvo atiduotas kaip auka Dievui, Jis buvo kaip atnaša apibarstyta smilkalais. Gavę Dievo meilę ir mes turime tapti kvapia auka, kaip ir Jėzus.

Geriausių miltų apibarstymas smilkalais reiškia, kad kaip Jėzus garbino Dievą, tapdamas Jam kvapia auka per savo būdą ir darbus, taip ir mes turime gyventi pagal Dievo žodį ir iš visos širdies garbinti Jį, skleisdami Kristaus kvapą. Tik tuomet, kai atnešdami padėkos aukas skleidžiame Kristaus kvapą, mūsų aukos tampa javų atnašomis, priimtinomis Dievui.

2) Nebuvo nei raugo, nei medaus

Kunigų knygoje 2, 11 parašyta: „Visos javų atnašos, kurias duodi VIEŠPAČIUI, turi būti neraugintos, nes nei raugo, nei medaus nepaversi dūmais kaip ugninės aukos VIEŠPAČIUI." Dievas liepė nedėti raugo į duoną atnašaujamą Jam, nes kaip raugas įraugina tešlą, taip dvasinis „raugas" sugadina auką.

Nesikeičiantis ir tobulas Dievas nori, kad mūsų aukos būtų nesugadintos ir atnašaujamos Jam kaip geriausi miltai – iš mūsų širdies gelmių. Todėl turime atnešti padėkos aukas su ištikima, švaria ir tyra širdimi, kupina dėkingumo, meilės ir tikėjimo Dievu.

Dievo garbinimo susirinkimuose kai kurie žmonės rūpinasi, ką kiti pagalvos, ir aukoja formaliai. Kiti aukoja su pilna širdgėlos ir rūpesčių širdimi. Tačiau, kaip Jėzus įspėjo dėl fariziejų raugo, kuris yra veidmainystė, jeigu aukojame, tik vaidindami šventus ir siekdami kitų pripažinimo, mūsų širdis bus kaip raugo suteršta javų atnaša, labai nepatinkanti Dievui.

Todėl turime aukoti be jokio raugo, iš širdies gelmių ir su meile bei dėkingumu Dievui. Neturime aukoti gailėdami ar nusiminę ir susirūpinę, be tikėjimo. Turime aukoti gausiai su tvirtu tikėjimu į Dievą, kuris priims mūsų aukas ir palaimins mūsų dvasią ir kūną. Norėdamas atskleisti mums dvasinę aukų reikšmę Dievas įsakė atnašauti tik neraugintas javų atnašas.

Tačiau kartais Dievas leidžia aukoti Jam atnašas su raugu. Jos nebuvo paverčiamos dūmais, bet kunigas pasiūbuodavo jas prie aukuro, išreikšdamas jų paaukojimą Dievui, ir grąžindavo žmonėms dalintis ir valgyti. Tai buvo vadinama „siūbuojamąja atnaša," kurios paruošimui, skirtingai nuo javų atnašos, buvo galima naudoti raugą.

Pavyzdžiui, tikėjimo žmonės lanko pamaldas ne tik sekmadieniais, bet ir kitomis savaitės dienomis. Kai silpno tikėjimo žmonės lanko Dievo garbinimo susirinkimus sekmadieniais, bet neateina į penktadienio maldos per visą naktį ar trečiadienio vakaro susirinkimą, Dievas nelaiko jų elgesio nuodėmingu. Kalbant apie apeigų ceremoniją, sekmadieninės pamaldos vyksta pagal griežtai nustatytą tvarką, bet bažnyčios ląstelių arba namų maldos grupių susirinkimų tvarka pritaikoma prie aplinkybių, laikantis pagrindinių pamaldų elementų – pamokslo, maldos ir šlovinimo. Faktas, kad laikantis pagrindinių ir būtinų taisyklių, Dievas leidžia mums būti lankstiems pagal aplinkybes ar tikėjimo mastą, yra dvasinė atnašų su raugu reikšmė.

Kodėl Dievas uždraudė pridėti medaus?

Kaip ir raugas, medus sugadina geriausių miltų savybes. Medus čia reiškia saldų sirupą, Palestinoje gaminamą iš datulių sulčių, kuris greitai rūgsta ir genda, todėl Dievas neleido gadinti miltų, pridedant medaus. Jis taip pat sako mums, kad Dievo vaikai, šlovindami Jį ar atnešdami aukas, turi daryti tai iš tyros širdies, be apgaulės ir dvejonių.

Žmonės gali pamanyti, kad medaus pridėjimas pagerina atnašą. Nesvarbu, kas žmogui gerai atrodo, nes Dievui patinka priimti tai, ką Jis įsakė, o žmonės pasižadėjo Jam atnašauti. Kai kurie žmonės greitai pažada atnešti Dievui kokią nors konkrečią auką, bet aplinkybėms pasikeitus, persigalvoja ir atneša kokią nors kitą auką. Tačiau Dievui bjauru, kai žmonės persigalvoja dėl Jo įsakymų vykdymo arba laužo savo įžadus, siekdami asmeninės naudos iš Šventosios Dvasios veikimo. Todėl, jeigu žmogus pažadėdavo atnašauti gyvulį, būtinai turėdavo paaukoti jį Dievui, kaip parašyta Kunigų knygoje 27, 9-10: „Jei atnaša, pažadėta VIEŠPAČIUI, yra gyvulys, kuris turi būti paaukotas, kiekvienas toks gyvulys, pažadėtas VIEŠPAČIUI, bus laikomas šventu. Jis negali būti iškeistas ar pakeistas, nei geresnis į menkesnį, nei menkesnis į geresnį; jei gyvulys būtų pakeistas kitu, tuomet abu pažadėtasis gyvulys ir jo pakaitalas taps šventi."

Dievas nori, kad visada ateitume pas Jį su tyra širdimi, ne tik atnešdami aukas. Jeigu žmogus laiko širdyje dvejones ir apgaulę, jos pasireikš Dievui nepriimtinu elgesiu.

Pavyzdžiui, karalius Saulius nepaisė Dievo įsakymų, ir keitė juos, kaip jam patiko. Tai baigėsi nepaklusnu Dievui. Dievas įsakė Sauliui sunaikinti Amaleko karalių, visus žmones ir gyvulius. Tačiau Dievo galybės padedamas laimėjęs karą, Saulius neįvykdė Dievo įsakymų. Jis paliko gyvą ir parsivedė Amaleko karalių Agagą ir geriausius gyvulius. Saulius neatgailavo net po, kai buvo griežtai įspėtas, liko nepaklusnus ir galiausiai buvo Dievo apleistas.

Skaičių knyga 23, 19 sako: „Dievas nėra žmogus, kad meluotų, ar mirtingasis, kad keistų savo mintį." Norėdami džiuginti Dievą, turime išsiugdyti tyrą širdį. Nesvarbu, kas žmogui atrodo gerai, jis turi niekada nedaryti to, ką Dievas uždraudė, ir nekeisti savo apsisprendimo, laikui bėgant. Kai žmogus klauso Dievo su tyra ir nesvyruojančia širdimi, Dievas džiaugiasi, priima jo atnašas ir laimina jį.

Kunigų knygoje 2, 12 parašyta: „Jas galite atnešti VIEŠPAČIUI kaip pirmienų atnašas, tačiau ant aukuro jos nebus dedamos, kad duotų malonų kvapą." Atnaša turi skleisti malonų kvapą, kurį Dievas mielai priims. Čia Dievas sako nedėti javų atnašų ant aukuro, nes vienintelis atnašavimo tikslas yra malonaus kvapo dūmai. Javų atnašavimo tikslas yra ne darbai, bet Dievui malonus mūsų širdies kvapas.

Kad ir kiek daug gėrybių paaukotume, bet atneštume jas su širdimi, kuri Dievui nepatinka, jos gal ir bus malonus kvapas žmogui, bet tik ne Dievui. Tai galima palyginti su tėvams didžiulį džiaugsmą sukeliančiomis vaikų dovanomis, dovanotomis ne formaliai, bet su meile ir nuoširdžiu dėkingumu už pagimdymą ir užauginimą meilėje.

Taip pat ir Dievas nori, kad aukotume Jam bažnyčioje ne iš įpratimo ir ramindami save: „Padariau, ką turėjau padaryti, bet skleisdami malonų kupinos tikėjimo, vilties ir meilės širdies kvapą.

3) Pasūdymas druska

Kunigų knygoje 2, 13 parašyta: „Visas javų atnašų aukas pasūdysi druska. Tenestinga tavo javų atnašoms tavo Sandoros su Dievu druskos. Su visomis savo atnašomis turi atnašauti druskos." Tirpdama druska skverbiasi į maistą, saugo nuo sugedimo ir pagerina jo skonį.

„Pasūdymas druska" dvasiškai reiškia „susitaikymą." Kaip druska turi ištirpti, kad suteiktų maistui skonį, taip susitaikymas reikalauja savojo aš mirties. Todėl Dievo įsakymas javų atnašas pasūdyti druska reiškia, kad turime atnašauti aukas Dievui, aukodami save dėl susitaikymo.

Todėl pirmiausia turime priimti Jėzų Kristų ir susitaikyti su Dievu, grumdamiesi iki kraujo su nuodėme, nedorybe, geismu ir senąja prigimtimi.

Tarkime, kas nors sąmoningai daro Dievui pasibjaurėtinas nuodėmes ir paskui atneša Jam auką be atgailos už nuodėmes. Dievas negali maloniai priimti aukos, nes taika tarp to žmogaus ir Dievo sulaužyta. Psalmininkas sako: „Jeigu būčiau turėjęs piktą mintį širdyje, VIEŠPATS nebūtų klausęsis" (Psalmynas 66, 18). Dievas maloniai priims mūsų maldas ir aukas tik tuomet, kai atsiskirsime nuo nuodėmės ir susitaikysime su Juo.

Susitaikymas su Dievu reikalauja, kad ateinantis pas Jį žmogus paaukotų save, pasmerkdamas mirčiai savąjį aš. Kaip sakė apaštalas Paulius: „Aš kasdien mirštu," tik išsižadėjęs savęs ir pasmerkęs mirčiai savąjį aš žmogus gali susitaikyti su Dievu. Taip pat turime būti taikoje su tikėjimo broliais ir seserimis.

Jėzus sako mums Evangelijoje pagal Matą 5, 23-24: „Jei neši dovaną prie aukuro ir ten prisimeni, jog tavo brolis turi šį tą prieš tave, palik savo atnašą tenai prie aukuro, eik pirmiau susitaikinti su broliu ir tik tada sugrįžęs aukok savo dovaną." Mūsų auka nemiela Dievui, jeigu darome nuodėmes, elgiamės nedorai ir skaudiname savo brolius bei seseris Kristuje.

Net jeigu brolis padarė mums pikta, turime nelaikyti neapykantos ir nemurmėti prieš jį, bet atleisti ir susitaikyti. Nepaisant priežasčių, negalime likti nesutarimuose ir kivirčuose arba įžeisti ir pastūmėti į suklupimą savo brolius bei seseris. Tik susitaikius su visais žmonėmis, kai mūsų širdis bus pilna Šventosios Dvasios, džiaugsmo ir dėkingumo, mūsų aukos bus „pasūdytos druska."

Taip pat Dievo įsakymas „pasūdyti druska" turi labai svarbią sandoros reikšmę, kaip parašyta, kad atnašoms turi nestigti „tavo Sandoros su Dievu druskos." Druska išgaunama iš vandenyno vandens, o vanduo reiškia Dievo žodį. Kaip druska visada išlieka sūraus skonio, taip niekada nesikeičia ir Dievo Sandoros žodis.

Mūsų atnešamų aukų „pasūdymas druska" reiškia, kad turime

tikėti nesikeičiančia ištikimojo Dievo Sandora ir aukoti iš visos širdies. Atnešdami padėkos aukas turime tikėti, kad Dievas tikrai atlygins už atneštą saiką gerą, prikimštą, sukratytą ir su kaupu ir palaimins mus 30, 60 ir 100 kartų daugiau negu atnešėme.

Kai kas sako: „Aš aukoju nesitikėdamas palaiminimų, bet todėl, kad taip reikia." Tačiau Dievas labiau džiaugiasi žmogumi, kuris nuolankiai ieško Jo palaiminimų. Laiško hebrajams 11-ame skyriuje parašyta, kad Mozė paliko patogų Egipto princo gyvenimą, „nes žvelgė į atpildą," kurį Dievas ketino jam suteikti. Mūsų Jėzus, kuris taip pat žvelgė į atpildą, nepabūgo pažeminimo ant kryžiaus. Žiūrėdamas į didingą atpildą – amžiną Dievo šlovę, nužengsiančią ant Jo, ir žmonijos išganymą – Jėzus nesunkiai ištvėrė žiaurią bausmę ant kryžiaus.

Žinoma, „žvelgimas į atpildą" visiškai skiriasi nuo širdies suktumo ir skaičiavimo, kiek gausi už tai, ką atidavei. Net jei nebūtų atpildo, mylintis Dievą žmogus visada pasiruošęs už kitus atiduoti net savo gyvybę. Tačiau, kai suprasdamas mūsų Tėvo Dievo, kuris trokšta mus laiminti, širdį ir tikėdamas Dievo galybe žmogus ieško palaiminimų, jis dar labiau patinka Dievui. Dievas pažadėjo, kad duos tiems, kas prašo, ir žmogus pjaus, ką pasėjo. Dievas džiaugiasi, kai aukojame Jam su tikėjimu Jo žodžiu ir tikėdami prašome Jo palaiminimų pagal Jo pažadus.

4) Javų atnašos likutis priklausė Aaronui ir jo sūnums

Visa deginamoji auka būdavo paverčiama dūmais ant aukuro, bet javų atnaša atitekdavo kunigui, ir tik jos dalis būdavo paaukojama Dievui, paverčiant dūmais ant aukuro. Tai reiškia, kad vienam Dievui atiduodame visą garbę ir šovę visuose bažnyčios susirinkimuose, tačiau padėkos aukos – javų atnašos – skirtos Dievo karalystei ir Jo teisumui, o jų dalis atiduodama kunigams, kurie šiandien yra Viešpaties bažnyčios tarnai ir darbuotojai. Kaip sako Laiškas galatams 6, 6: „Kas mokomas žodžio, tegul dalijasi savo gėrybėmis su mokytoju," kai Dievo malone apdovanoti bažnyčios nariai atneša padėkos aukas, Dievo tarnai, mokantys kitus Dievo žodžio tiesų, gauna dalį šių aukų.

Javų atnašos būdavo aukojamos kartu su deginamosiomis aukomis, ir simbolizuoja paties Kristaus gyvenimą ir tarnystę. Todėl turime aukoti iš visos širdies su tikėjimu ir kiek tik galime.

Viliuosi, kad visi skaitytojai šlovins Dievą pagal Jo valią ir bus gausiai palaiminti kiekvieną dieną, atnešdami Dievui kvapias aukas, kurios Jam patinka.

5 skyrius

Bendravimo atnaša

Jei kieno atnaša yra bendravimo auka, ir jis atnašauja gyvulį iš jaučių bandos, turi atnašauti VIEŠPATIES akivaizdoje sveiką patiną ar sveiką patelę

Kunigų knyga 3,1

1. Bendravimo atnašos reikšmė

Bendravimo aukos atnašavimo nuostatai užrašyti trečiame Kunigų knygos skyriuje. Atnašaujant bendravimo auką reikėdavo papjauti sveiką gyvulį, išlieti jo kraują ant aukuro šonų ir paversti gyvulio taukus dūmais ant aukuro kaip malonaus kvapo atnašą Dievui. Nors bendravimo atnašos aukojimo procedūra panaši į deginamosios aukos atnašavimo procedūrą, jos turi skirtumų. Kai kas klaidingai mano, kad bendravimo atnašos tikslas yra priemonė nuodėmių atleidimui gauti, bet tai svarbiausias atnašų už kaltę ir nuodėmę tikslas.

Bendravimo atnašos paskirtis yra santaika tarp Dievo ir mūsų, žmonių dėkingumo išraiška ir įžadai bei savanoriškas aukojimas Dievui. Ji atnašaujama atskirai, ir tai darydavo žmonės, gavę atleidimą už savo nuodėmes per atnašas už nuodėmę ir deginamąsias aukas, turintys tiesioginį ir artimą ryšį su Dievu. Bendravimo atnašos tikslas yra susitaikymas su Dievu, kad žmonės visa širdimi pasikliautų Dievu visose gyvenimo srityse.

Kunigų knygos antrame skyriuje aprašyta javų atnaša yra visuotinė auka dėkojant Dievui už išganymą, apsaugą ir kasdienę duoną, tačiau skiriasi nuo bendravimo atnašos ir ja rodomo dėkingumo. Be padėkos aukų sekmadieniais mes atnešame atskiras padėkos aukas, kai turime ypatingų dėkingumo priežasčių. Bendravimo atnaša yra savanoriškos aukos, siekiant patikti Dievui, laikytis šventumo, gyventi pagal Dievo žodį ir gauti iš Jo, ko trokšta mūsų širdis.

Nors bendravimo atnašos turi daug reikšmių, svarbiausias jų tikslas – gyvenimas taikoje su Dievu. Kai esame taikoje su Dievu, Jis suteikia stiprybės gyventi tiesa, patenkina mūsų širdies troškimus ir suteikia malonę tesėti duotus Jam įžadus.

Jono pirmas laiškas 3, 21-22 sako: „Mylimieji, jei širdis mūsų nesmerkia, mes pasitikime Dievu ir gauname iš jo, ko prašome, nes laikomės jo įsakymų ir darome, kas jam patinka." Kai pasitikime Dievu, gyvendami tiesoje, esame taikoje su Juo ir gauname nuostabius atsakymus į savo prašymus. Jeigu dar labiau stengsimės Jam patikti, atnešdami ypatingas aukas, ar galite įsivaizduoti, kaip greitai Dievas atsakys mums ir laimins mus?

Todėl būtina teisingai suprasti javų ir bendravimo atnašų reikšmę ir žinoti skirtumą tarp jų, jeigu norime, kad Dievas maloniai priimtų mūsų aukas.

2. Bendravimo auka

Kunigų knyga 3, 1 sako: Jei kieno atnaša yra bendravimo auka, ir jis atnašauja gyvulį iš jaučių bandos, turi atnašauti VIEŠPATIES akivaizdoje sveiką patiną ar sveiką patelę." Jeigu bendravimo atnaša iš avių ar ožkų kaimenės, tai turėdavo būti sveikas patinas ar sveika patelė (Kunigų knyga 3, 6 ir 12). Atnaša deginamajai aukai turėdavo būti sveikas patinas iš jaučių bandos arba avių ar ožkų kaimenės, nes tobula deginamoji auka – dvasiniam garbinimui – simbolizuoja Jėzų Kristų, nekaltą Dievo Sūnų.

Tačiau, kai žmonės atnašaudavo Dievui bendravimo auką, kad gyventų taikoje su Juo, galėjo aukoti ir patinus, ir pateles, kurie turėjo būti tik sveiki. Laiškas romiečiams 5,1 sako: „Taigi, nuteisinti tikėjimu, gyvename taikoje su Dievu per mūsų Viešpatį Jėzų Kristų." Kai gyvename taikoje su Dievu per Jėzaus kraują, išlietą ant kryžiaus, nebėra skirtumo tarp vyro ir moters.

Dievas įsakė, kad atnašos būtų be kliaudos, nes trokšta, kad aukotume Jam ne susikrimtę, bet su džiugia vaiko širdimi. Turime aukoti ne prisiversdami ar siekdami kitų pripažinimo, bet savanoriškai ir su tikėjimu. Mūsų auka bus tobula tik tuomet, kai nuoširdžiai atnešime Dievui padėkos auką už išgelbėjimo malonę. Mūsų auka Dievui, pasikliaunant Juo visose gyvenimo srityse ir tikint, jog Jis visą laiką bus su mumis ir saugos mus, kad gyventume pagal Jo valią, turi būti geriausia, ką galime duoti, aukojama rūpestingai ir iš visos širdies.

Lyginant deginamąją auką ir bendravimo atnašą, pastebime įdomų faktą: balandžiai buvo neįtraukti į pastarąją. Kodėl? Deginamąsias aukas turėjo atnašauti visi žmonės, kad ir kokie vargšai jie būtų, todėl Dievas leido aukoti balandžius, nes jų vertė buvo visiškai maža.

Pavyzdžiui, kai tik pradėjęs gyvenime Kristuje silpno tikėjimo žmogus ateina į bažnyčios pamaldas tik sekmadieniais, Dievas priima tai iš jo kaip deginamąją auką. Nors visa deginamoji auka atnašaujama tuomet, kai tikintieji gyvena ištikimi Dievo žodžiui, tiesiogiai ir artimai draugauja su Dievu bei šlovina Jį dvasia ir tiesa; kai naujai įtikėjęs žmogus švenčia Viešpaties dieną, Dievas priima tai kaip nebrangią deginamąją atnašą iš balandžių ir veda šį savo vaiką išganymo keliu.

Tačiau bendravimo auka yra ne privaloma, bet savanoriška. Atnešame ją Dievui, kai norime Jam patikti ir gauti Jo atsakymus į maldas bei palaiminimus. Jeigu būtų atnašaujami pigūs balandžiai, tai nebūtų ypatinga auka, todėl jie buvo nepriimtini.

Tarkime, žmogus nori duoti auką, kad ištesėtų įžadą, arba turėdamas gilų troškimą ar prašydamas Dievo išgydymo nuo nepagydomos ligos. Su kokia širdimi jis atneš šią auką? Žinoma, jis paruoš ją su dar didesniu nuoširdumu ir dėkingumu negu paprastai. Dievui labiausiai patiks jauniklis bulius arba, priklausomai nuo žmogaus galimybių, karvė, avinėlis ar ožiukas, bet balandžio vertė per maža.

Žinoma, negalima teigti, kad aukos vertė priklauso tik nuo jos piniginės vertės. Kai žmogus paruošia auką iš visos širdies ir labai rūpestingai pagal savo galimybes, Dievas padidina jos vertę, remdamasis jos skleidžiamu dvasiniu maloniu kvapu.

3. Bendravimo aukos atnašavimas

1) Rankos uždėjimas ant aukojamo gyvulio galvos ir jo papjovimas prie Susitikimo Palapinės įėjimo

Kai deginamąją auką atnašaujantis žmogus uždėdavo ranką ant aukojamo gyvulio galvos prie Susitikimo Palapinės įėjimo, jis priskirdavo savo nuodėmes gyvuliui. Kai bendravimo auką atnašaujantis žmogus uždėdavo ranką ant aukojamo gyvulio galvos, jis atskirdavo jį kaip auką Dievui, patepdavo jį.

Norėdami, kad mūsų aukos, ant kurių uždedame rankas, patiktų Dievui, turime apsispręsti dėl aukojamos sumos ne kūniškomis mintimis, bet vadovaudamiesi Šventosios Dvasios įkvėpimu. Tik tokios mūsų aukos – atskirtos ir pateptos – bus Dievo maloniai priimtos.

Auką atnašaujantis žmogus, uždėjęs ranką ant aukojamo gyvulio galvos, papjaudavo jį prie Susitikimo Palapinės įėjimo. Senojo Testamento laikais tik kunigai galėjo įeiti į šventovę, ir žmonės pjovė gyvulius prie Susitikimo Palapinės įėjimo. Tačiau, Jėzui Kristui sugriovus nuodėmės sieną, skiriančią mus nuo Dievo, šiandien mes galime įeiti į šventovę, šlovinti Dievą ir tiesiogiai bei artimai draugauti su Juo.

2) Aarono sūnūs, kunigai, išlieja kraują aplink aukurą

Kunigų knyga 17, 11 sako: „Nes gyvūno gyvybė yra kraujyje. Daviau jums kraują, kad ant aukuro atliktumėte permaldavimą už savo gyvybę; kraujas atlieka permaldavimą, nes jis yra gyvybė." Laiške hebrajams 9, 22 taip pat parašyta: „Taip pat bemaž viskas pagal įstatymą apvaloma krauju, ir be kraujo praliejimo nėra atleidimo." Tai primena, kad tik krauju mes galime būti nuplauti.

Bendravimo aukų atnašavime Dievui, siekiant tiesioginio ir artimo bendravimo su Juo, kraujo išliejimas buvo būtinas, nes mes, neturėdami ryšio su Dievu, niekada negalėtume susitaikyti su Juo, be Jėzaus Kristaus kraujo aukos.

Kunigų išlietas aplink aukurą kraujas reiškia, kad kur tik eisime ir visokiomis aplinkybėmis visada būsime taikoje su Dievu. Aplink aukurą išlietas kraujas reiškia, kad Dievas visada bus su mumis, eis su mumis ir saugos bei laimins mus, kur tik mes eisime, ką tik darysime ir su kuo tik būsime.

3) Bendravimo atnašos aukojimas kaip ugninės atnašos VIEŠPAČIUI

Kunigų knygos trečias skyrius aprašo ne tik jaučių, bet ir avių bei ožkų kaip bendravimo aukų atnašavimą. Jų atnašavimo būdai beveik vienodi, todėl sutelksime dėmesį į jaučių atnašavimo kaip bendravimo aukų tvarką. Palyginę bendravimo atnašą su deginamąja auka žinome, kad pastarosios atveju visos nulupto gyvulio dalys buvo atiduodamos Dievui kaip ugninė atnaša. Deginamoji auka reiškia dvasinį dievo šlovinimą bažnyčios susirinkime ir, kadangi tik Dievui atiduodame visą garbę ir šlovę, atnašos būdavo visiškai sudeginamos.

Tuo tarpu, atnašaujant bendravimo auką, ne visos aukos dalys būdavo sudeginamos. Kaip parašyta Kunigų knygoje 3,

3-4: „Vidurius dengiančią riebiąją plėvę ir ant vidurių esančius taukus, abudu inkstus su taukais, kurie yra ant jų prie paslėpsnių, ir kepenų lezgį, kurį išims drauge su inkstais," gyvulio vidurius dengiantys taukai turėdavo būti paaukoti Dievui kaip malonus kvapas. Taukų iš skirtingų gyvulio kūno dalių aukojimas reiškia, kad turime būti taikoje su Dievu, kad ir kur tik būtume ir kokiose tik aplinkybėse beatsidurtume. Buvimas taikoje su Dievui taip pat reikalauja gyvenimo taikoje su visais žmonėmis ir šventumo siekimo. Tik gyvendami taikoje su visais žmonėmis tapsime tobulais Dievo vaikais (Evangelija pagal Matą 5, 46-48).

Kai bendravimo aukos taukai, kuriuos reikėdavo paaukoti Dievui, būdavo atskirti, turėdavo būti atskirtos kunigams atiduodamos atnašaujamo gyvulio dalys. Kunigų knygoje 7, 34 parašyta: „Juk aš paėmiau siūbuojamosios atnašos krūtinę ir dovanos atnašos mentę iš izraelitų, iš jų bendravimo aukų ir atidaviau juos kunigui Aaronui ir jo sūnums kaip amžiną izraelitų duoklę." Kaip javų atnašų dalis būdavo atiduodama kunigams, taip ir žmonių atnašaujamų Dievui bendravimo aukų dalis buvo paliekama Dievui ir Jo tautai tarnaujančių kunigų ir levitų pragyvenimui.

Tas pats ir Naujojo Testamento laikais. Tikinčiųjų aukos Dievui leidžia vykdyti Dievo darbą sielų išgelbėjimui ir išlaikyti Viešpaties tarnus bei bažnyčios darbuotojus. Atskyrus dalis Dievui ir kunigams, likusią aukos dalį suvalgydavo aukotojas; tai unikalus nurodymas bendravimo aukų atnašavimui. Faktas, kad aukotojas valgo savo atnašą, reiškė, jog auka Dievui priimtina ir Jis parodys savo džiaugsmą atsakymais į maldas ir palaiminimais.

4. Nurodymai apie taukus ir kraują

Kai gyvulys būdavo papjaunamas kaip auka Dievui, kunigas išliedavo jo kraują aplink aukurą. Visi taukai priklausė VIEŠPAČIUI, todėl buvo laikomi šventi ir paverčiami dūmais ant aukuro kaip malonus kvapas Dievui. Senojo Testamento laikais žmonės nevalgė taukų ir kraujo, nes taukai ir kraujas yra susiję su gyvybe. Kraujas suteikia kūnui gyvybę, o taukai gyvybiškai būtiną energiją. Taukai užtikrina aktyvų kūno gyvenimą.

Kokią dvasinę reikšmę turi „taukai"?

„Taukai" visų pirma reiškia atidžią ir tobulą širdį. Taukų kaip ugninės atnašos paaukojimas reiškia, kad atsiduodame Dievui su viskuo, ką turime ir kas esame. Tai reiškia rūpestingumą ir nuoširdumą, su kuriais atnašaujame aukas, patinkančias Dievui. Nors padėkos atnašos turinys ant aukuro, kai siekiame bendrauti su Dievui ir patikti Jam, arba įsipareigojimas Dievui yra svarbūs, aukotojo širdies būklė ir rūpestingumas yra dar svarbesni. Jeigu žmogus, kuris pasielgė negerai Dievo akyse, atnašauja auką, kad susitaikytų su Juo, jo atnaša turi būti paruošta su kuo didesniu įsipareigojimu ir kuo tobulesne širdimi.

Žinoma, nuodėmių atleidimas reikalauja atnašų už nuodėmę ir kaltę. Tačiau kartais žmogus tikisi ne vien paprasto nuodėmių atleidimo, bet nori tikrai susitaikyti su Dievu ir patikti Jam.

Pavyzdžiui, kai mažas vaikas nusikalsta ir skaudžiai užgauna savo tėvą, šio širdis greitai atsileidžia ir jiedu susitaiko, kai vaikas labai stengiasi įtikti tėvui, užuot tik atsiprašęs ir gavęs atleidimą.

Be to, „taukai" reiškia maldą ir Šventosios Dvasios pilnatvę. Evangelijos pagal Matą 25-as skyrius pasakoja, kaip penkios protingos mergaitės pasiėmė induose alyvos kartu su savo žibintais, o paikosios nepasiėmė ir buvo neįleistos į vestuves. „Alyva" čia dvasiškai reiškia maldą ir Šventosios Dvasios pilnatvę. Tik gavę Šventosios Dvasios pilnatvę per maldą ir budėdami pajėgsime išvengti susitepimo pasaulio geiduliais ir laukti mūsų Viešpaties, jaunikio, pasiruošę kaip jo nuostabios nuotakos.

Malda turi būti lydima bendravimo aukos, kad patiktume Dievui ir gautume Jo atsakymus. Mūsų malda turi būti ne tik formalumas; ji turi kilti iš visos širdies su viskuo, ką turime ir kas esame, kaip Jėzus meldėsi Getsemanės sode, ir Jo prakaitas, virtęs kraujo lašais varvėjo ant žemės. Kiekvienas, kuris taip melsis, tikrai kovos ir atmes nuodėmes, bus pašventintas, gaus įkvėpimą iš aukštybių ir Šventosios Dvasios pilnatvę. Kai toks žmogus atneš Dievui bendravimo auką, Jis apsidžiaugs ir greitai atsakys į maldas.

Bendravimo auka atnašaujama Dievui su visišku tikėjimu, kad vertai gyvensime Jo draugijoje ir apsaugoje. Susitaikydami su Dievu turime paliksi savo kelius, kurie Jam nepatinka; iš visos širdies ir linksmai atnešti Jam aukas bei gauti Šventosios Dvasios pilnatvę per maldą. Tuomet būsime pilni dangaus vilties ir pergalingai gyvensime taikoje su Dievu. Viliuosi, kad visi šios knygos skaitytojai visada gaus Dievo atsakymus ir palaiminimus, melsdamiesi su Šventosios Dvasios įkvėpimu ir Jos pilnatvėje iš visos širdies, aukodami Dievui malonias bendravimo atnašas.

6 skyrius

Atnaša už nuodėmę

Kai žmogus nusideda netyčiomis bet kuriam iš VIEŠPATIES įsakymų, darydamas tai, kas uždrausta, jei pateptasis kunigas nusideda taip, kad kaltė krinta ant tautos, už nuodėmę, kuria nusidėjo, jis turi atnašauti sveiką jautį iš bandos kaip auką už nuodėmę VIEŠPAČIUI

Kunigų knyga 4, 2-3

1. Skirtingų atnašų už nuodėmę reikšmė

Per tikėjimą į Jėzų Kristų ir Jo kraujo auką, mes gavome visų mūsų nuodėmių atleidimą ir buvome išgelbėti. Tačiau, kad mūsų tikėjimas būtų pripažintas tikru, turime ne tik išpažinti lūpomis: „tikiu," bet ir parodyti jį darbais bei ištikimybe. Kai ištikimai rodome Dievui tikėjimo darbus, kuriuos Jis pripažįsta, Dievas mato mūsų tikėjimą ir atleidžia nuodėmes.

Kaip mes galime gauti nuodėmių atleidimą tikėjimu? Žinoma, visi Dievo vaikai turi visada vaikščioti šviesoje ir niekada nenusidėti. Tačiau, jeigu iškyla siena tarp Dievo ir tikinčiojo, kuris padarė nuodėmių, dar nepasiekęs tobulumo, šis turi žinoti išeitį ir atitinkamai elgtis. Išeitis slypi Dievo žodžio nurodymuose dėl atnašų už nuodėmę.

Atnašos už nuodėmę būdavo aukojamos Dievui kaip atpirkimas už nuodėmes, kurias mes padarome savo gyvenime, ir jų aukojimo būdas priklausydavo nuo Dievo duotų pareigų bei individualaus tikėjimo masto. Kunigų knygos ketvirtas skyrius aprašo pateptojo kunigo, viso susirinkimo, vadovo ir paprastų žmonių atnašas už nuodėmę.

2. Pateptojo kunigo atnaša už nuodėmę

Dievas kreipėsi į savo tarną Mozę Kunigų knygoje 4, 2-3: „Sakyk izraelitams: kai žmogus nusideda netyčiomis bet kuriam iš VIEŠPATIES įsakymų, darydamas tai, kas uždrausta, jei pateptasis kunigas nusideda taip, kad kaltė krinta ant tautos, už

nuodėmę, kuria nusidėjo, jis turi atnašauti sveiką jautį iš bandos kaip auką už nuodėmę VIEŠPAČIUI. "
„Izraelitai" čia dvasiškai reiškia visus Dievo vaikus. „Žmogus nusideda netyčiomis bet kuriam iš VIEŠPATIES įsakymų, darydamas tai, kas uždrausta," tuomet, kai pažeidžia Dievo įstatymą, užrašytą Jo žodyje, 66-ose Biblijos knygose.

Kai kunigas – mūsų laikais Dievo žodžio mokytojas ir skelbėjas – sulaužo Dievo įstatymą, atpildas už nuodėmę pasiekia net kitus žmones. Jeigu jis neteisingai mokė savo kaimenę ir gyveno ne pagal tiesą, jo nuodėmė sunki. Net jeigu jis netyčia nusidėjo, Dievo tarnui nepaprastai gėda nesuprasti Dievo valios.

Pavyzdžiui, jeigu Dievo tarnas neteisingai aiškina tiesą, ganomieji tiki juo, kai šis nepaiso Dievo valios, ir visa bažnyčia atsitveria nuo Dievo nuodėmės siena. Dievas mums pasakė: „Būkite šventi, susilaikykite nuo visokio blogio ir be paliovos melskitės." Kas būtų, jeigu koks nors pastorius pareikštų: „Jėzus atpirko mus iš visų nuodėmių, todėl būsime išgelbėti, jei lankysime bažnyčią"? Kaip Jėzus sako Evangelijoje pagal Matą 15, 14: „Jeigu aklas aklą ves, abu į duobę įkris," šio pastoriaus nuodėmės pasekmės būtų sunkios, nes jis ir jo ganomieji nutoltų nuo Dievo. Jeigu kunigas nusideda taip, kad „kaltė krinta ant tautos," jis turi atnašauti auką už nuodėmę Dievui.

1) Sveikas jautis kaip atnaša už nuodėmę

Jei pateptasis kunigas nusideda taip, kad „kaltė krinta ant tautos," jis turi žinoti, kad pasekmės bus didžiulės. Samuelio pirma knyga nuo antro iki ketvirto skyriaus pasakoja, kas atsitiko, kai kunigo Elio sūnūs nuodėmiavo, pasiimdami sau atnašas, skirtas Dievui. Kai Izraelis pralaimėjo karą filistinams, Elio sūnūs buvo nužudyti, ir krito 30 000 Izraelio pėstininkų. Net Dievo Skrynia buvo pagrobta, visas Izraelis siaubingai nukentėjo.

Štai kodėl auka už nuodėmės atpirkimą turėjo būti pati vertingiausia: sveikas jautis. Dievas iš visų aukų mieliausiai priimdavo jauniklius bulius ir avinėlius, ir bulių vertė buvo didesnė. Aukai už nuodėmę kunigas turėdavo atnašauti ne bet kokį bulių, bet sveiką jautį; dvasiškai tai reiškia, kad negalima garbinti Dievo nenoriai ir be džiaugsmo; turime atnašauti save kaip gyvą auką.

2) Aukos už nuodėmę atnašavimas

Kunigas atvesdavo jautį prie Susitikimo Palapinės durų ir uždėdavo ranką jaučiui ant galvos, papjaudavo jį, pasemdavo jo kraujo ir atnešdavo į Susitikimo Palapinę. Padažęs pirštą kraujyje, kunigas pašlakstys juo septynis kartus VIEŠPATIES akivaizdoje šventyklos uždangos link (Kunigų knyga 4, 4-6). Rankos uždėjimas jaučiui ant galvos reiškia žmogaus nuodėmių priskyrimą gyvuliui. Žmogaus padarytų nuodėmių atpildas yra mirtis, todėl uždėdamas ranką atnašai ant galvos žmogus gaudavo nuodėmių atleidimą, priskirdamas savo nuodėmes gyvuliui ir papjaudamas jį.

Paskui kunigas pasemdavo kraujo, padažydavo pirštą jame ir Susitikimo palapinėje pašlakstydavo juo septynis kartus šventyklos uždangos link. „Šventyklos uždanga" buvo stora užuolaida, skirianti šventyklą nuo šventų švenčiausiosios vietos. Paprastai aukos būdavo atnašaujamos ne šventykloje, bet ant aukuro šventyklos kieme; tačiau kunigas įeidavo į šventyklą su aukos už nuodėmę krauju ir pašlakstydavo juo šventyklos uždangos link, prieš šventų švenčiausiąją vietą, kurioje buvo Dievas.

Piršto padažymas kraujyje simbolizuoja maldavimą atleisti. Tai reiškia atgailavimą ne tik lūpomis ir pasižadėjimais, bet ir atnešant atgailos vaisių, nuodėmių ir nedorybių atmetimu. Pašlakstymas krauju septynis kartus – „septyni" yra tobulas skaičius dvasinėje karalystėje – reiškia, kad atgailautojas atmeta visas savo nuodėmes. Žmogus gauna visišką atleidimą tik po to, kai atmeta visas savo nuodėmes ir daugiau nenusideda.

Taip pat kunigas jaučio krauju pavilgydavo ragus kvapiojo smilkalo aukuro, esančio VIEŠPATIES akivaizdoje Susitikimo Palapinėje, o likusį kraują išliedavo deginamųjų aukų aukuro papėdėje prie Susitikimo Palapinės įėjimo (Kunigų knyga 4, 7). Kvapiojo smilkalo aukuras – aukuras smilkalams – būdavo paruoštas smilkalų deginimui; kai jie buvo uždegami, Dievas priimdavo jų kvapą. Be to, ragai Biblijoje reiškia karalių, jo didybę bei valdžią ir Karalių, mūsų Dievą (Apreiškimas Jonui 5, 6). Kvapiojo smilkalo aukuro ragų pavilgymas krauju buvo ženklas, kad Dievas, mūsų Karalius, priėmė auką.

Kaip šiandien turime atgailauti, kad Dievas priimtų mūsų atgailą? Kaip anksčiau minėjau, nuodėmės ir nedorybės buvo atleidžiamos, padažius pirštą atnašos už nuodėmę kraujyje ir šlakstant juo šventyklos link. Pripažinę, apmastę ir atgailavę už savo nuodėmes, turime ateiti į šventyklą ir išpažinti jas maldoje. Kaip atnašos krauju būdavo suvilgomi aukuro ragai, kad Dievas ją priimtų, turime ateito mūsų Dievo ir Karaliaus akivaizdon ir atnašauti Jam atgailos maldą. Turime ateiti į šventovę, atsiklaupti ir melstis Jėzaus Kristaus vardu, veikiant Šventajai Dvasiai, kuri siunčia mums atgailos dvasią.

Nesakau, kad turime laukti, kol ateisime į šventyklą, norėdami atgailauti. Supratę, kad nusidėjome Dievui, turime nedelsdami atgailauti ir palikti nuodėmingus kelius. Kalbu apie atėjimą į šventyklą šabo dieną, Viešpaties dieną.

Senojo Testamento laikais tik pateptieji kunigai galėjo bendrauti su Dievu, bet šiandien Šventoji Dvasia gyvena kiekvieno mūsų širdyje, mes galime melstis ir tiesiogiai bei artimai bendrauti su Dievu, veikiant Šventajai Dvasiai. Atgailauti maldoje galima ir vienam, kai veikia Šventoji Dvasia. Tačiau atsiminkite, kad visos maldos tampa tobulos, švenčiant Viešpaties dieną.

Žmogus, nešvenčiantis Viešpaties dienos, neturi įrodymo, kad jis yra dvasinis Dievo vaikas, ir negali gauti nuodėmių atleidimo, net jeigu ir meldžiasi atgailos malda vienas. Dievas priima atgailą tik tuomet, kai žmogus atgailauja vienas, supratęs, kad nusidėjo, ir paskui atneša atgailos maldą Dievo šventovėje Viešpaties dieną.

Krauju pavilgius kvapiojo smilkalo aukuro ragus, likęs kraujas būdavo išliejamas deginamųjų aukų aukuro papėdėje. Tai buvo apeiga, rodanti, kad Dievui paaukojamas visas kraujas, kuris yra atnašos gyvybė ir dvasiškai reiškia, kad atgailaujame iš visos širdies. Nuodėmių prieš Dievą atleidimo gavimas reikalauja atgailos visa širdimi, visu protu ir visomis pastangomis. Kas atneša Dievui tikrą atgailą, niekada nebeišdrįs daryti tų pačių nuodėmių prieš Dievą.

Paskui kunigas išimdavo visus aukos už nuodėmę jaučio taukus, kaip ir iš bendravimo aukos jaučio, ir paversdavo dūmais ant deginamųjų aukų aukuro, o odą ir visą mėsą drauge su galva, kojomis ir viduriais išnešdavo už stovyklos, kur išpilami pelenai, ir sudegindavo (Kunigų knyga 4, 8-12). „Pavertimas dūmais" reiškia, kad tiesoje žmogaus savasis aš išnyksta ir lieka tik tiesa.

Kaip ir bendravimo aukos atveju, atnašos už nuodėmę taukai būdavo atskiriami ir paverčiami dūmais ant aukuro. Jaučio taukų pavertimas dūmais ant aukuro reiškia, kad Dievas priima mūsų atgailą tik tuomet, kai atgailaujame visa širdimi, visu protu ir visomis valios pastangomis.

Visos deginamosios atnašos dalys būdavo paverčiamos dūmais, tačiau atnašaujant auką už nuodėmę, visos atnašos dalys, išskyrus taukus ir inkstus, būdavo sudeginamos ant laužo už stovyklos, kur išpilami pelenai. Kodėl?

Deginamoji auka yra dvasinis Dievo šlovinimas, skirtas pradžiuginti Dievą ir pasiekti bendrystę su Juo, ji būdavo paverčiama dūmais ant aukuro šventykloje. Tačiau atnašos už nuodėmę paskirtis buvo atpirkimas iš nuodėmių purvo, ji negalėjo būti paverčiama dūmais ant aukuro šventykloje ir būdavo visiškai sudeginama atokiai nuo žmonių gyvenamosios vietos.

Net šiandien turime stengtis visiškai atsikratyti nuodėmių, dėl kurių atgailavome prieš Dievą. Turime Šventosios Dvasios ugnimi sudeginti pasipūtimą, puikybę, senąjį aš iš pasaulio laikų, nuodėmingus kūno darbus, nepatinkančius Dievui, ir visas kitas nedorybes. Atnaša – jautis, kuriam būdavo priskirtos uždėjusio ranką ant jo žmogaus nuodėmės – būdavo paverčiama dūmais. Nuo tos akimirkos šis žmogus tapdavo gyvąja auka, patinkančia Dievui.

Ką tai reiškia mums šiandien? Jau minėjau dvasine reikšmę, lygindamas aukojamo jaučio ir Jėzaus, kuris mirė, kad atpirktų mus iš nuodėmės, savybes. Kai atgailaujame ir paverčiame dūmais visas atnašos dalis, turime pasikeisti ir tapti kaip mūsų Viešpats, kuris tapo auka už nuodėmę. Uoliai tarnaudami savo bažnyčios nariams Viešpaties vardu turime nešti tikinčiųjų naštas, dalintis su jais tik tiesa ir gerumu. Ištikimai padėdami savo bažnyčios nariams su ašaromis, ištverme ir malda įdirbti jų širdžių žemę, turime paversti savo brolius ir seseris ištikimais ir pašventintais Dievo vaikais. Tuomet Dievas pripažins mūsų atgailą ir ves mus palaiminimų keliu.

Nors ne visi mes pastoriai, Petro pirmas laiškas 2, 9 sako: „Jūs esate išrinktoji giminė, karališkoji kunigystė, šventoji tauta, įsigytoji liaudis." Visi mes, kurie tikime į Viešpatį, turime tapti ištikimais ir tobulais kaip kunigai Dievo vaikais.

Be to, atnaša Dievui už nuodėmę turi būti lydima atgailos. Kiekvienas giliai besigailintis ir atgailaujantis dėl savo nusižengimų savaime trokšta aukoti atnašas, ir šie darbai su šiuo širdies nusistatymu padaro atgailą tobulą prieš Dievą.

3. Viso susirinkimo atnaša už nuodėmę

„Jei visa Izraelio bendruomenė netyčia suklysta ir, bendrijai to nė nejaučiant, padaro ką nors, kas pagal VIEŠPATIES įsakymus neturėtų būti daroma, ir užsitraukia kaltę, tai nuodėmei, kuria jie užsitraukė kaltę, paaiškėjus, bendrija atnašaus jautį iš bandos kaip auką už nuodėmę ir atves jį priešais Susitikimo Palapinę" (Kunigų knyga 4, 13-14).

Mūsų laikais „viso susirinkimo nuodėmė" reiškia visos bažnyčios nuodėmę. Pavyzdžiui, kartais bažnyčiose jų tarnautojai, vyresnieji ir diakonės susiburia į frakcijas ir drumsčia visos bažnyčios ramybę. Kai susikuria frakcijos ir prasideda ginčai, visa bažnyčia atsitveria nuo Dievo nuodėmės siena, dauguma jos narių įsitraukia į ginčus ir blogai kalba bei galvoja vieni apie kitus.

Dievas liepė mums mylėti savo priešus, tarnauti kitiems, nusižeminti, gyventi taikoje su visais žmonėmis ir siekti šventumo. Ar Dievui ne apmaudu ir apgailėtina, kai Viešpaties tarnai ir jų ganomieji nesutaria, ir broliai bei seserys Kristuje kivirčijasi? Susiskaldžiusi bažnyčia netenka Dievo apsaugos ir nesulaukia prabudimo, jos nariai vargsta, slegiami sunkumų namuose ir darbe.

Kaip gauti atleidimą už viso susirinkimo nuodėmę? Viso susirinkimo nuodėmei paaiškėjus, jie atvesdavo jautį prie

Susitikimo Palapinės. Bendrijos seniūnai uždėdavo rankas jaučiui ant galvos VIEŠPATIES akivaizdoje, ir jautis būdavo papjautas priešais VIEŠPATĮ, kaip ir atnašaujant Dievui auką už kunigo nuodėmę. Atnašos už kunigų ir viso susirinkimo nuodėmes turi vienodą vertę ir brangumą. Tai reiškia, kad Dievo akyse, kad kunigų ir viso susirinkimo nuodėmė yra vienodo sunkumo.

Atnaša už kunigo nuodėmę būdavo sveikas jautis, tačiau viso susirinkimo atnaša – tiesiog jautis, nes visai bendruomenei sunku būti vienos širdies ir aukoti atnašą, su džiaugsmu dėkojant.

Kai šiandien visa bažnyčia nusidėjusi nori atgailauti, tarp jos narių gali būti žmonių be tikėjimo arba atsisakančių atgailauti dėl širdies kietumo. Visam susirinkimui tikrai nelengva aukoti atnašą be kliaudos, todėl šiuo atžvilgiu Dievas parodė savo gailestingumą. Nors keli žmonės ir negali atnašauti šlovės Dievui iš visos širdies, kai dauguma bažnyčios narių atgailauja ir palieka nuodėmingus kelius, Dievas priima atnašą už nuodėmę ir atleidžia.

Bendrijos seniūnai uždėdavo rankas ant atnašaujamo jaučio galvos viso susirinkimo vardu, nes kiekvienas bendrijos narys negalėjo to padaryti, aukojant viso susirinkimo atnašą už nuodėmę.

Likusios procedūros būdavo identiškos kunigo atnašos už nuodėmę aukojimui nuo kunigo piršto padažymo kraujyje, pašlakstymo juo septynis kartus šventyklos uždangos link ir aukuro ragų pavilgymo iki likusių aukos dalių sudeginimo už stovyklos ribų. Dvasinė šių procedūrų reikšmė yra visiškas nusigręžimas nuo nuodėmės. Turime atnašauti atgailos maldą

Jėzaus Kristaus vardu Dievo šventovėje, veikiant Šventajai Dvasiai, kad atgaila būtų oficialiai priimta. Visai bažnyčiai atlikus atgailą viena širdimi, ši nuodėmė turi būti niekada nebedaroma.

4. Vadovo atnaša už nuodėmę

Kunigų knygoje 4, 22-24 parašyta:

„Kai netyčia nusideda valdovas, darydamas ką nors iš tų dalykų, kurie pagal VIEŠPATIES, jo Dievo, įsakymus neturėtų būti daromi, ir pasijunta kaltas arba jo padarytoji nuodėmė jam primenama, jis atves sveiką ožį kaip savo atnašą. Uždės ranką ožiui ant galvos, ir ožys bus papjautas toje vietoje, kur pjaunamos deginamosios aukos VIEŠPATIES akivaizdoje. Tai auka už nuodėmę."

Vadovai ėjo žemesnio rango pareigas negu kunigai, bet priklausė aukštesnei klasei negu paprasti žmonės. Jie atnašaudavo Dievui sveikus ožius. Jie mažesni už jaučius, atnašaujamus kunigų, bet didesni už ožkas, paprastų žmonių atnašaujamas už nuodėmes.

Šiandien vadovai yra žmonės, vadovaujantys maldos grupėms ar ląstelėms ir sekmadieninės mokyklos mokytojai. Vadovai yra žmonės, užimantys bažnyčios narių ugdymui skirtas pareigas. Skirtingai nuo eilinių narių ir naujatikių, jie buvo paskirti tarnauti Dievo akivaizdoje, todėl padarę tas pačias nuodėmes kaip ir eiliniai nariai vadovai turi atnešti Dievui didesnių atgailos vaisių.

Senovėje vadovas uždėdavo ranką sveikam ožiui ant galvos, priskirdamas jam savo nuodėmes, ir papjaudavo Dievo akivaizdoje. Vadovas gaudavo atleidimą, kai kunigas paimdavo savo pirštu aukos už nuodėmę kraujo ir pavilgydavo juo deginamųjų aukų aukuro ragus, o likusį kraują išliedavo prie deginamųjų aukų aukuro papėdės, o taukus paversdavo dūmais ant aukuro, kaip būdavo daroma ir su bendravimo aukos taukais.

Skirtingai nuo kunigo vadovas nešlakstydavo aukos krauju septynis kartus šventyklos uždangos link. Kai jis parodydavo savo atgailą, kunigui pavilgius deginamųjų aukų aukuro ragus atnašos už nuodėmę krauju, Dievas priimdavo auką, nes kunigo ir vadovo tikėjimo mastai buvo skirtingi. Kunigas turėjo niekada nebenusidėti po atgailos, todėl turėjo pašlakstyti aukos krauju septynis kartus, tai tobulumo skaičius dvasine prasme.

Tačiau vadovas galėdavo vėl netyčia nusidėti, todėl jam buvo neliepta šlakstyti aukos krauju septynis kartus. Tai Dievo meilės ir gailestingumo ženklas. Dievas priima kiekvieno žmogaus atgailą pagal turimo tikėjimo laipsnį ir suteikia atleidimą. Kalbant apie atnašas už nuodėmę, „kunigas" dabar reiškia „Dievo tarną" arba „pastorių," o „vadovas" – „bažnyčios darbuotoją, užimantį vadovo pareigas." Tačiau viskas priklauso ne tik nuo Dievo duotų pareigų bažnyčioje, bet ir nuo kiekvieno tikinčiojo tikėjimo masto.

Pastorius turi būti pašventintas tikėjimu, ir jo vadovavimui turi būti patikėta tikinčiųjų kaimenė. Nors žmogus, einantis vadovo pareigas, maldos grupės ar ląstelės vadovas arba sekmadieninės mokyklos mokytojas, dar nebūna pasiekęs tobulo šventumo, jo tikėjimas turi būti didesnio masto negu paprasto tikinčiojo. Pastoriaus, vadovo ir paprasto tikinčiojo tikėjimo laipsniai skirtingi, todėl jų nuodėmės sunkumas ir Dievui priimtini atgailos vaisiai yra skirtingi, net jeigu jie visi padaro identišką nuodėmę.

Tai nereiškia, kad tikinčiajam leistina galvoti: „Kadangi mano tikėjimas dar netobulas, Dievas atleis man, jeigu vėliau tyčia nusidėsiu," ir atgailauti su tokiu nusiteikimu. Atleidimas iš Dievo per atgailą gaunamas ne tada, kai žmogus suprasdamas ir norėdamas daro nuodėmes, bet kai jis, netyčia nusidėjęs ir vėliau supratęs, maldauja atleidimo. Be to, Dievas priima žmogaus atgailą tik tuomet, kai šis iš visų jėgų stengiasi, karštai melsdamasis, niekada nebedaryti tos pačios nuodėmės.

5. Aukos už paprastų žmonių nuodėmę

„Paprasti žmonės" yra tikintieji, turintys mažą tikėjimą, arba eiliniai bažnyčios nariai. Paprasti žmonės nusidėdavo dėl savo mažo tikėjimo todėl jų atnašų už nuodėmę svoris būdavo mažesnis negu kunigo ir vadovo. Paprastas žmogus turėdavo aukoti Dievui už nuodėmę sveiką ožką, turėjusią mažesnę vertę negu ožys. Kaip ir kunigo bei vadovo atnašų atveju, kunigas pirštu paimdavo paprasto žmogaus atnašos už nuodėmę kraujo ir pavilgydavo juo deginamųjų aukų aukuro ragus, o likusį kraują išliedavo prie aukuro papėdės.

Nors būdavo tikėtina, kad paprastas žmogus vėliau vėl nusidės dėl savo mažo tikėjimo, jeigu jis atgailaudavo ir persiplėšdavo širdį, gailėdamasis nusikaltęs, Dievas parodydavo gailestingumą ir atleisdavo jam. Be to, Dievas liepė paprastam žmogui atnašauti ožką, todėl galime spręsti, kad šiame lygyje nuodėmės atleidžiamos lengviau negu tos, už kurias reikėdavo atnašauti ožį arba avinėlį. Tai nereiškia, kad Dievas leidžia nelabai gailėtis, žmogus turi atnešti Dievui tikrą atgailą, pasiryždamas niekada daugiau nenusidėti.

Kai žmogus, turintis mažą tikėjimą, supranta nusidėjęs, atgailauja už konkrečią nuodėmę ir iš visų jėgų stengiasi jos nebedaryti, jos pasikartojimas retėja nuo dešimties kartų per dieną iki penkių, paskui trijų kartų, kol galiausiai žmogus visiškai atsikrato tos nuodėmės. Dievas priima atgailą, lydimą vaisių. Jis nepriima atgailos net iš naujatikio, jeigu šis atgailauja tik lūpomis, nekeisdamas savo širdies nusistatymo.

Dievas labai džiaugiasi naujatikiu, kuris pamatęs savo nuodėmes iš karto atgailauja ir ryžtingai atmeta jas. Kai užuot raminęs save – „Mano tikėjimas nedidelis, todėl neturiu labai stengtis" – ne tik atgailoje, bet ir maldoje, Dievo šlovinime bei visose kitose gyvenimo Kristuje srityse, žmogus stengiasi pranokti save, jis patiria dar daugiau Dievo meilės ir palaiminimų.

Jeigu žmogus neišgalėdavo paaukoti ožkos, jis turėdavo atvesti avelę be trūkumų (Kunigų knyga 4, 32). Neturtingi aukodavo du purplelius ar du balandžius, o dar neturtingesni – nedidelį kiekį geriausių miltų (Kunigų knyga 5, 7 ir 11). Teisingasis Dievas suklasifikavo ir priima atnašas už nuodėmę pagal kiekvieno žmogaus tikėjimo mastą.

Išsiaiškinome, kaip atpirkti nuodėmę ir susitaikyti su Dievu, įsigilinę į skirtingo rango ir skirtingas pareigas einančių žmonių atnašų už nuodėmę aukojimo nuostatus. Viliuosi, kad visi šios knygos skaitytojai susitaikys su Dievu, visada ištirdami Dievo jiems duotos pareigos vykdymą ir tikėjimo būklę, bei nuoširdžiai atgailaus dėl visų kalčių ir nuodėmių, kai kelyje pas Dievą susidurs su nuodėmės siena.

7 skyrius

Atnaša už kaltę

Kai žmogus nusižengia ir nusideda netyčiomis, pasiimdamas iš VIEŠPAČIUI pašvęstų atnašų, jis atves VIEŠPAČIUI kaip atnašą už kaltę iš kaimenės sveiką aviną, kurio vertę nustatys sidabro šekeliais pagal šventyklos šekelį. Tai kaltės atnaša.

Kunigų knyga 5, 15

1. Atnašos už kaltę prasmė ir reikšmė

Atnaša už kaltę būdavo aukojama Dievui, siekiant atsilyginti už nuodėmę padarytą žalą. Kai Dievo žmonės nusideda prieš Jį, jie turi paaukoti jam atnašą už kaltę ir atgailauti Jo akivaizdoje. Priklausomai nuo nuodėmės pobūdžio, nusidėjęs žmogus turi ne tik palikti savo nuodėmingus kelius, bet ir prisiimti atsakomybę už savo nusižengimus.

Pavyzdžiui, žmogus pasiskolino iš savo bičiulio ir netyčia prarado kokį nors daiktą. Jam nepakaks pasakyti: „Atsiprašau." Jis turi ne tik atsiprašyti, bet ir atsilyginti savo bičiuliui už prarastą daiktą. Jeigu jis negali gauti tokio daikto, turi padengti jo vertę pinigais. Tik tuomet atgaila bus tikra.

Atnaša už kaltę reiškia susitaikymą, atlyginant padarytą žalą ir prisiimant atsakomybę už nuodėmes. Tas pats tinka ir atgailai prieš Dievą. Kaip reikia atlyginti žalą, padarytą broliams ir seserims Kristuje, taip ir Dievui turime parodyti atgailos darbus, kai nusidedame prieš Jį, kad mūsų atgaila būtų tikra.

2. Atnašos už kaltę aplinkybės ir aukojimo būdai

1) Atsisakius liudyti

Kunigų knyga 5, 1 sako: „Jei žmogus nusideda, būdamas prisaikdintas būti liudytoju, ir nors gali paliudyti, nes matė ar iš kitur sužinojo apie dalyką, bet atsisako kalbėti ir užsitraukia kaltę." Kartais žmonės, net prisaikdinti sakyti tiesą, atsisako liudyti arba melagingai liudija, gindami savo interesus.

Tarkime, jūsų vaikas padarė nusikaltimą, kuriuo kaltinamas nekaltas žmogus. Jeigu jums reiktų liudyti, ar galėtumėte pasakyti tiesą? Jeigu tylėtumėte, kad apsaugotumėte savo vaiką, tuo pakenkdami, žmonės gali ir nesužinoti tiesos, bet Dievas mato viską. Todėl liudininkas turi liudyti tai, ką matė ir girdėjo, kad teismas būtų teisingas ir niekas nekaltai nenukentėtų.

Tas pats ir mūsų kasdieniniame gyvenime. Daug žmonių nepajėgia teisingai perteikti to, ką matė ir girdėjo, ir vadovaudamiesi savo nuomone perduoda neteisingą informaciją. Kiti melagingai liudija, išsigalvodami istorijas apie tai, ko iš tiesų nematė. Dėl melagingų liudijimų nuteisiami ir neteisėtai nukenčia nekalti žmonės. Jokūbo laiškas 4, 17 sako: „Kas moka daryti gera ir nedaro, tas nusideda." Dievo vaikai, žinantys tiesą, turi vadovautis ja ir liudyti teisingai, kad nenukentėtų nekalti žmonės.

Jeigu gerumas ir tiesa įleido šaknis į mūsų širdį, mes visada sakome tiesą. Apie nieką nekalbame blogai ir nė vieno nekaltiname, neiškraipome tiesos ir neišsisukinėjame nuo atsakymų. Jeigu žmogus pakenkė kitiems, vengdamas liudyti arba melagingai liudydamas, jis turi paaukoti Dievui atnašą už kaltę.

2) Palietus ką nors nešvaraus

Kunigų knygoje 5, 2-3 parašyta:

Arba paliesdamas ką nors nešvaraus, nors to ir nesuvokdamas, ar tai būtų lavonas nešvaraus žvėries, ar nešvaraus galvijo, ar nešvaraus roplio jis tampa nešvarus ir užsitraukia kaltę, arba paliesdamas, nors to ir nesuvokdamas, žmogaus nešvarumą, bet kokį nešvarumą, dėl kurio tampa nešvarus, bet vėliau suvokia savo kaltę.

„Kas nors nešvaraus" dvasiškai reiškia bet kokį elgesį, prieštaraujantį tiesai. Toks elgesys apima viską, ką matome, girdime, kalbame ir jaučiame kūnu bei širdimi. Mes nelaikėme nuodėmingais kai kurių dalykų, kol nesužinojome tiesos. Atėję į tiesą, pradedame laikyti juos nederamais Dievo akyse. Pavyzdžiui, kai nepažinojome Dievo, galėjome domėtis smurtu ar pornografija ir nesuprasti, kad tai purvas. Tačiau pradėję gyvenimą Kristuje supratome, kad šie dalykai prieštarauja tiesai. Supratę, kad palietėme ką nors nešvaraus tiesos atžvilgiu, turime atgailauti ir aukoti Dievui atnašą už kaltę.

Net gyvendami Kristuje kartais netyčia pamatome ir išgirstame nedorų dalykų. Būtų gerai apsaugoti savo širdį, net pamačius ar išgirdus blogų dalykų. Tačiau tikintiesiems ne visada pavyksta apsaugoti širdį, ir kartais jie įsileidžia jausmus, kuriuos sužadina nešvarūs dalykai, todėl reikia nedelsiant atgailauti, pripažinus savo nuodėmę, ir aukoti Dievui atnašą už kaltę.

3) Ištarus priesaiką

Kunigų knygoje 5, 4 parašyta: „Arba kai žmogus neapgalvotai ištaria lūpomis priesaiką geram ar blogam tikslui, kaip kad žmonės pratę prisiekinėti neapgalvotai, ir vėliau suvokia savo kaltę dėl tokios priesaikos." Dievas uždraudė mums prisiekinėti „geram ar blogam tikslui."

Kodėl Dievas draudžia mums prisiekti arba duoti priesaiką?

Dievas draudžia prisiekti ne tik blogam tikslui, bet ir ištarti priesaiką ir geram tikslui, nes žmogus negali šimtu procentų tesėti priesaikos (Evangelija pagal Matą 5, 33-37; Jokūbo laiškas 5, 12). Kol tiesa nepadaro žmogaus širdies tobulos, jai daro įtaką savanaudiški jausmai, ir jis negali padaryti to, ką prisiekia. Be to kartais priešas velnias ir šėtonas kišasi į tikinčiųjų gyvenimą ir trukdo jiems ištesėti priesaikas, kad susikurtų pagrindą tikinčiųjų kaltinimui. Pateiksiu drastišką pavyzdį. Tarkime, kas nors prisiekia: „Aš padarysiu tai rytoj," bet netikėtai numiršta šiandien. Kaip jis ištesės savo priesaiką?

Todėl žmogus neturi prisiekti nei blogam, nei geram tikslui. Užuot prisiekinėję, turime melstis Dievui ir prašyti stiprybės. Pavyzdžiui, jeigu tas pats žmogus prisiekė be paliovos melstis, užuot ištaręs priesaiką: „Kiekvieną vakarą ateisiu į maldos susirinkimą," geriau būtų meldęsis: „Dieve, prašau padėti man be paliovos melstis ir apsaugok mane nuo priešo velnio ir šėtono trukdymų." Jeigu neapgalvoti prisiekėte, turite atgailauti ir paaukoti Dievui atnašą už kaltę.

Nusidėjęs Dievui aukščiau minėtomis trimis aplinkybėmis, žmogus „atves VIEŠPAČIUI kaip bausmę už nuodėmę, kuria nusidėjo, patelę iš avių kaimenės avį ar ožką kaip auką už nuodėmę. Kunigas atliks permaldavimą jo labui už jo nuodėmę" (Kunigų knyga 5, 6).

Čia buvo liepta atnešti auką už nuodėmę ir paaiškinta atnaša už kaltę, nes nuodėmė, už kurią reikėdavo atnašauti auką už kaltę, reikalavo ir aukos už nuodėmę. Atnaša už nuodėmę, kaip jau minėjau, reiškia atgailą Dievo akivaizdoje, padarius nuodėmę, ir visišką nusigręžimą nuo tos nuodėmės. Taip pat jau minėjau, kai reikėdavo ne tik atsikratyti nuodėmės širdyje, bet ir prisiimti už ją atsakomybę, atnaša už kaltę padarydavo atgailą tobulą, nusikaltusiam sumokėjus už nuostolius ar žalą arba prisiėmus atsakomybę konkrečiais darbais.

Šiomis aplinkybėmis žmogus turi ne tik atlyginti padarytą žalą, bet ir paaukoti Dievui atnašą už kaltę, lydimą atnašos už nuodėmę. Taip pat jis turi atgailauti prieš Dievą. Net jeigu žmogus nusidėjo prieš žmogų, jis pasielgė kaip nedera Dievo vaikui, todėl turi atgailauti ir prieš savo dangiškąjį Tėvą.

Tarkime, brolis apgavo savo seserį ir užvaldė jos turtą. Jeigu jis nori atgailauti, pirmiausia jis turi persiplėšti širdį atgailoje prieš Dievą ir atmesti godumą bei apgaulę. Paskui jis turi gauti sesers, kuriai nusikalto, atleidimą. Jis turi ne tik atsiprašyti lūpomis, bet ir atlyginti visus seseriai padarytus nuostolius. Jo „atnaša už nuodėmę" yra nuodėmingų kelių palikimas ir atgaila prieš Dievą, o „atnaša už kaltę" yra atgaila, prašant sesers atleidimo, ir jai padarytų nuostolių atlyginimas.

Kunigų knygoje 5, 6 Dievas liepė atnašauti avį ar ožką kai auką už nuodėmę, kuri lydi atnašą už kaltę. Toliau parašyta, kad kas neišgali atnašauti avies, turi atnašauti du purplelius ar du balandžius, vieną aukai už nuodėmę, o kitą deginamajai aukai.

Kodėl Dievas liepė atnašauti deginamąją auką kartu su auka už nuodėmę, du purplelius arba du balandžius? Deginamoji auka reiškė šabo šventimą. Dabar tai Dievo šlovinimas bažnyčios pamaldose sekmadieniais. Dviejų purplelių ar balandžių atnašavimas aukai už nuodėmę ir deginamajai aukai reiškia, kad žmogaus atgaila tampa tobula, kai jis švenčia Viešpaties dieną. Tobula atgaila yra ne tik atgailavimas, supratus savo nuodėmes, bet ir jų išpažinimas ir atgaila Dievo šventykloje Viešpaties dieną.

Jeigu žmogus būdavo toks neturtingas, kad neišgalėdavo atnašauti net purplelių ar balandžių, jis turėdavo atnašauti Dievui dešimtadalį efos (efa – maždaug 22 litrai arba 5 galonai) geriausių miltų aukai už nuodėmę. Aukai už nuodėmę turėjo būti atnašaujami gyvuliai, bet gailestingasis Dievas leido vargšams, neišgalintiems paaukoti gyvulio, atnašauti miltus, kad ir neturtingieji gautų nuodėmių atleidimą.

Miltų atnaša už nuodėmę skyrėsi nuo javų atnašos iš miltų. Aliejus ir smilkalai būdavo dedami į javų atnašą, kad ši kvepėtų ir gražiau atrodytų, bet aukoje už nuodėmę nebuvo nei aliejaus, nei smilkalų. Kodėl? Permaldavimui skirtos aukos sudeginimas reiškė žmogaus nuodėmės sudeginimą.

Aliejus ir smilkalų nedėjimas į miltus dvasiškai reiškia žmogaus nusistatymą, su kuriuo jis turi atgailauti Dievo akivaizdoje. Karalių pirma knyga 21, 27 sako, kad karalius Ahabas, atgailaudamas prieš Dievą, „persiplėšė drabužius ir apsivilko ašutine ant nuogo kūno, pasninkavo, miegojo apsivilkęs ašutine ir vaikštinėjo prislėgtas." Kai žmogus persiplėšia širdį atgailaudamas, jis atitinkamai elgiasi, suvaldo savo geidulius ir nusižemina. Jis galvoja, ką kalba ir daro, nes nori parodyti Dievui, kad stengiasi gyventi santūriai.

4) Nusidėjus prieš pašvęstas atnašas arba padarius nuostolių broliams Kristuje

Kunigų knygoje 5, 15-16 parašyta:

Kai žmogus nusižengia ir nusideda netyčiomis, pasiimdamas

iš VIEŠPAČIUI pašvęstų atnašų, jis atves VIEŠPAČIUI kaip atnašą už kaltę iš kaimenės sveiką aviną, kurio vertę nustatys sidabro šekeliais pagal šventyklos šekelį. Tai kaltės atnaša. Atlygins ir už tai, kuo nusidėjo šventyklai, pridėdamas prie jos penktadalį viršaus ir paduodamas kunigui. Kunigas atliks permaldavimą jo labui su kaltės atnašos avinu, ir jam bus atleista.

„VIEŠPAČIUI pašvęstos atnašos" reiškia Dievo šventyklą arba visus daiktus Dievo šventykloje. Net pastorius arba žmogus, davęs auką, negali paimti, naudoti ar parduoti jokio daikto, kuris paskirtas Dievui ir todėl šventas. Be to, šventais turi būti laikomi ne tik Dievui pašvęsti daiktai, bet ir visa šventykla. Šventykla yra Dievui atskirta vieta, kurioje garbinamas Jo vardas.

Jokie tušti ir melagingi žodžiai neturi būti tariami šventykloje. Tikintieji, turintys vaikų, turi mokyti juos nelakstyti, nežaisti, nekelti triukšmo, nesutepti ir nesugadinti jokių šventų daiktų šventykloje.

Jeigu šventas daiktas netyčia sugadinamas, kaltininkas turi pakeisti jį geresniu, tobulesniu ir neturinčiu trūkumų. Be to, nuostolio padengimui atneštas daiktas turi būti ne tokios pat vertės kaip sugadintasis, bet penktadaliu brangesnis kaip kaltės atnašos atveju. Dievas liepė taip daryti, kad nepamirštume tinkamai elgtis ir būti santūrūs. Kai susiduriame su šventais daiktais, turime būti atsargūs ir santūrūs, kad nesugadintume

Dievui priklausančių daiktų. Jeigu per neatsargumą ką nors sugadiname, turime atgailauti iš širdies gelmių ir sumokėti daugiau negu kainuoja sugadintas daiktas.

Kunigų knyga 5, 21-24 pasakoja, kaip žmogus turi gauti nuodėmių atleidimą, kai nusikalsta, „pasielgdamas apgaulingai su artimu užstato ar skolos laidavimo reikalu, arba vagyste, arba artimo apgavyste," arba „radęs pamestą daiktą, melu išsigina, arba kreivai prisiekia." Turime atgailauti ne tik už nuodėmes, padarytas prieš įtikėjimą į Dievą, bet ir supratę, kad netyčia pasiėmėme kito nuosavybę.

Permaldavimui už tokias nuodėmes, savininkui reikia grąžinti viską, kas buvo paimta ir pridėti penktadalį viršaus. Penktadalis čia turi ne tik matematinę reikšmę. Tai reiškia, kad žmogui darant atgailos darbus, jo atgaila turi kilti iš širdies gelmių. Tuomet Dievas atleis jo nuodėmes. Pavyzdžiui, kartais nepavyksta suskaičiuoti visų praeities nusikaltimų ir už visus atsilyginti. tokiais atvejais atgailaujantysis turi uoliai daryti atgailos darbus. Jis gali uoliai aukoti dorai uždirbtus pinigus Dievo karalystei arba skurstantiems žmonėms. Matydamas ištikimus jo atgailos darbus, Dievas pripažins jo širdies atgailą ir atleis jam nuodėmes.

Prašau atsiminti, kad atgaila yra svarbiausia atnašų už kaltę ir nuodėmę dalis. Dievui reikia iš mūsų ne nupenėto veršio, bet atgailaujančios dvasios (Psalmynas 51, 19). Todėl, garbindami

Dievą, turime atgailauti už nuodėmes ir nedorybes iš širdies gelmių ir atnešti tinkamų atgailos vaisių. Viliuosi, kad jūs šlovinsite Dievą ir atnašausite Jam patinkančias aukas, ir Jis su džiaugsmu priims jūsų gyvenimą kaip gyvą auką, o jūs visada būsite lydimi Jo nesibaigiančios meilės ir gausių palaiminimų.

8 skyrius

Aukokite savo kūnus kaip gyvą ir šventą auką

Dėl Dievo gailestingumo raginu jus, broliai, aukoti savo kūnus kaip gyvą, šventą, Dievui patinkančią auką, kaip dvasinį garbinimą.

Laiškas romiečiams 12, 1

1. Tūkstantis Saliamono deginamųjų aukų ir palaiminimai

Saliamonas užėmė karaliaus sostą, būdamas 20-ies metų amžiaus. Jis buvo pranašo Natano ugdytas tikėjime nuo pat jaunystės, mylėjo Dievą ir laikėsi savo tėvo, karaliaus Dovydo, nuostatų. Užėmęs sostą Saliamonas paaukojo Dievui tūkstantį deginamųjų aukų. Paaukoti tūkstantį deginamųjų aukų buvo tikrai nelengva. Senojo Testamento laikais buvo daug apribojimų dėl vietos, laiko, atnašų turinio ir aukojimo būdų. Be to, skirtingai nuo paprastų žmonių, karaliui Saliamonui reikėjo didesnės erdvės, nes jį lydėjo daug žmonių, ir buvo atnašaujamas didžiulis aukų skaičius. Metraščių antroje knygoje 1, 2-3 parašyta: „Saliamonas sušaukė visą Izraelį tūkstantininkus ir šimtininkus, teisėjus ir visus viso Izraelio vadus bei kilčių galvas. Tada Saliamonas, lydimas visos su juo buvusios bendrijos, nuėjo į Gibeono aukštumų alką, nes ten buvo Dievo Susitikimo Palapinė, kurią VIEŠPATIES tarnas Mozė buvo padaręs dykumoje." Saliamonas nuėjo į Gibeono aukštumas, kur buvo Dievo Susitikimo Palapinė, Mozės pastatyta dykumoje.

Prieš visą bendriją Saliamonas palypėjo VIEŠPATIES akivaizdoje prie vario aukuro, stovėjusio prie Susitikimo Palapinės, ir atnašavo ant jo tūkstantį deginamųjų aukų. Jau minėjau, kad deginamoji auka buvo malonus kvapas Dievui, sudeginant atnašaujamą gyvulį, kurio gyvybės paaukojimas Dievui reiškia visišką pasiaukojimą ir atsidavimą.

Tą naktį Dievas pasirodė Saliamonui ir tarė: „Prašyk, ko nori, kad tau duočiau." (Metraščių antra knyga 1, 7). Saliamonas atsakė:

Tu parodei didelę ir ištikimą meilę mano tėvui Dovydui ir padarei mane karaliumi vietoj jo. Dabar, VIEŠPATIE Dieve, tebūna įvykdytas tavo pažadas mano tėvui Dovydui, nes esi paskyręs mane karaliumi tautos, kuri tokia gausi, kaip dulkės žemėje. Tad suteik man išminties ir žinojimo, kaip vesti šią tautą, antraip kas gi pajėgs valdyti šią didelę tavo tautą? (Metraščių antra knyga 1, 8-10).

Saliamonas neprašė turtų, nuosavybės, garbės, savo priešų gyvybės ar ilgo gyvenimo. Jis prašė tik išminties ir žinojimo, kad pajėgtų gerai valdyti tautą. Dievui patiko Saliamono prašymas ir Jis davė karaliui ne tik išminties ir žinojimo, kurių jis prašė, bet ir turtų, nuosavybės ir garbės, kurių karalius neprašė.

Dievas tarė Saliamonui: „Duodu tau išminties ir žinojimo. Duosiu tau taip pat ir turtų, ir nuosavybės, ir garbės tiek, kiek nė vienas pirma tavęs buvusių karalių nėra turėjęs ir nė vienas po tavęs neturės" (12-a eilutė).

Kai mes šloviname Dievą dvasia ir tiesa, kaip Jam patinka, Jis savo ruožtu laimina mus visose gyvenimo srityse, kad būtume sveiki ir mums sektųsi, kaip sekasi mūsų sielai.

2. Iš Padangtės eros į Šventyklos erą

Kai karalius Dovydas, Saliamono tėvas, suvienijo ir sutvirtino savo karalystę, vienintelis dalykas nedavė ramybės jo širdžiai: Dievo šventykla dar nebuvo pastatyta. Dovydas liūdėjo, kad Dievo Skrynia buvo po padangtės dangomis, kai jis pats gyveno kedro rūmuose, ir jis pasiryžo pastatyti šventyklą. Tačiau Dievas jam neleido, nes Dovydas buvo praliejęs daug kraujo karuose, todėl negalėjo pastatyti šventų Dievo namų.

Bet pasiekė mane VIEŠPATIES žodis: „Daug kraujo išliejai ir ilgai kariavai. Mano vardui Namų tu nestatysi, nes esi išliejęs daug kraujo ant žemės mano akivaizdoje" (Metraščių pirma knyga 22, 8).

Tu nestatysi Namų mano vardui, nes esi kovotojas ir išliejai kraujo. (Metraščių pirma knyga 28, 3).

Nors karalius Dovydas negalėjo įgyvendinti savo svajonės pastatyti Šventyklą, jis su dėkingumu pakluso Dievo žodžiui. Jis taip pat paruošė aukso, sidabro, vario, brangakmenių ir kedro rąstų – visų reikalingų medžiagų, kad kitas karalius, jo sūnus

Saliamonas, pastatytų Šventyklą. Ketvirtaisiais karaliavimo metais, Saliamonas pasiryžo įvykdyti Dievo valią ir pastatyti Šventyklą. Jis pradėjo statyti Namus VIEŠPAČIUI Jeruzalėje ant Morijos kalno ir pastatė per septynerius metus. Praėjus keturiems šimtams aštuoniasdešimt metų po Izraelio tautos išėjimo iš Egipto, buvo pastatyta Dievo šventykla. Saliamonas atgabeno į šventyklą Sandoros Skrynią ir visus kitus šventus daiktus.

Kai kunigai įnešė Sandoros Skrynią į šventų švenčiausiąją vietą, Dievo šlovė pripildė visą šventyklą: „Kunigai nebegalėjo atlikti savo tarnybos dėl debesies, nes VIEŠPATIES šlovė pripildė VIEŠPATIES Namus" (Karalių pirma knyga 8, 11). Taip baigėsi Padangtės era ir prasidėjo Šventyklos era.

Pašvęsdamas šventyklą Dievui, Saliamonas maldavo Jį atleisti izraelitams, kai šie melsis šventykloje, net kai vargai ištiks juos dėl jų nuodėmių.

Išgirsk savo tarno ir savo tautos Izraelio maldavimus, kai tik jie melsis šioje vietoje. Išgirsk savo dangaus buveinėje, išklausyk ir atleisk! (Karalių pirma knyga 8, 30)

Karalius Saliamonas gerai žinojo, kad šventykla patiko Dievui ir buvo palaiminimas Jo tautai, todėl drąsiai maldavo Dievą už savo žmones. Išklausęs karaliaus maldą Dievas atsakė:

Aš išklausiau tavo maldą ir tavo prašymą, su kuriuo kreipeisi į mane, pašventinau šiuos Namus, kuriuos tu pastatei, ir suteikiu jiems savo vardą amžinai. Visada ten bus mano akys ir mano širdis (Karalių pirma knyga 9, 3).

Todėl, kai šiandien žmogus garbina Dievą visa savo širdimi, visu protu ir visiškai nuoširdžiai šventykloje, kur Dievas gyvena, VIEŠPATS susitinka su juo ir suteikia, ko trokšta jo širdis.

3. Kūniškas garbinimas ir dvasinis garbinimas

Biblija mus moko, kad Dievas priima ne bet kokį garbinimą. Priklausomai nuo širdies, su kuria garbiname Dievą, galime atnašauti Jam dvasinį garbinimą, kurį Dievas priima, ir kūnišką garbinimą, kurį Jis atmeta.

Adomas ir Ieva buvo išvaryti iš Edeno sodo po savo nepaklusimo Dievui. Pradžios knygos ketvirtas skyrius pasakoja apie jų sūnus. Vyresnysis buvo Kainas, o jaunesnysis – Abelis. Suaugę Kainas ir Abelis atnašavo aukas Dievui. Kainas dirbo žemę ir aukojo „žemės derliaus atnašą" (3-a eilutė), o Abelis atnašavo „kaimenės rinktines pirmienas" (4-a eilutė). Tuomet Dievas „maloniai pažvelgė į Abelį ir jo atnašą, o į Kainą ir jo atnašą nepažvelgė" (4-5 eilutės).

Kodėl Dievas atmetė Kaino atnašą? Laiške hebrajams 9, 22 parašyta, kad tik per kraujo atnašą Dievui gaunamas nuodėmių atleidimas pagal dvasinės karalystės įstatymą. Todėl gyvuliai, pavyzdžiui, jaučiai ar avinėliai, buvo aukojami Senojo Testamento laikais, o Jėzus, Dievo Avinėlis, tapo permaldavimo auka, praliedamas savo kraują, Naujojo Testamento laikais. Laiškas hebrajams 11, 4 sako: „Tikėdamas Abelis atnašavo vertesnę auką negu Kainas, ir tikėjimas jį paliudijo esant teisų, nes pats Dievas patvirtino jo dovanas. Dėl tikėjimo jis ir miręs tebekalba." Kitaip tariant, Dievas priėmė Abelio auką, nes šis aukojo Dievui kraujo atnašą pagal Jo valią, bet nepriėmė Kaino aukos, atnašaujamos ne pagal Jo valią.

Kunigų knygoje 10, 1-2 parašyta, kad Nadabas ir Abihuvas „atnašavo VIEŠPATIES akivaizdoje nešventintą ugnį, kokios jis nebuvo jiems įsakęs," todėl juos prarijo ugnis, kuri „išsiveržė iš VIEŠPATIES Artumo." Taip pat Samuelio pirmos knygos 13-as skyrius pasakoja, kaip Dievas apleido karalių Saulių, kai šis nusidėjo, atlikdamas pareigą, Dievo patikėtą pranašui Samueliui. Prieš mūšį su filistinais karalius Saulius atnašavo auką Dievui, kai pranašas Samuelis neatėjo po nustatyto dienų skaičiaus. Kai Samuelis atėjo po Sauliaus atlikto aukojimo, šis teisinosi, kad turėjo taip pasielgti, nes žmonės pradėjo trauktis nuo jo. Atsakydamas Samuelis tarė Sauliui: „Pasielgei kvailai" ir pasakė karaliui, kad Dievas jį apleido.

Malachijo knygoje 1, 6-10, Dievas peikia izraelitus už tai, kad jie aukojo Jam ne tai, kas geriausia, bet tai, kas jiems nereikalinga.

Dievas įspėja, kad nepriims formalaus garbinimo pagal religines taisykles, bet nekylančio iš žmonių širdies. Mūsų laikų kalba tai reiškia, kad Dievas nepriima kūniško garbinimo. Evangelija pagal Joną 4, 23-24 sako, kad Dievas mielai priima garbę iš žmonių, šlovinančių Jį dvasia ir tiesa, ir gausiai laimina teisingus, gailestingus ir ištikimus savo mylimus vaikus. Evangelijoje pagal Matą 15, 7-9 ir 23, 13-18 Jėzus griežtai smerkė tų laikų fariziejus ir Rašto aiškintojus, kurie griežtai laikėsi žmonių papročių, bet negarbino Dievo širdimi, pasiliekančia tiesoje. Dievas nepriima atsainaus garbinimo iš žmogaus.

Viešpaties šlovinimas turi vykti pagal Dievo nustatytus principus. Tuo krikščionybė aiškiai skiriasi nuo kitų religijų, kurių sekėjai atlieka garbinimo ritualus savo poreikiams patenkinti ir daro tai, kaip jiems patinka. Taip pat ir kūniškas Dievo garbinimas yra beprasmis, kai žmogus ateina į šventyklą ir tik formaliai dalyvauja Dievo šlovinime. Kita vertus, dvasinis Dievo garbinimas yra adoracija, kylanti iš širdies gelmių, ir šlovinimas dvasia ir tiesa, atnašaujamas savo dangiškąjį Tėvą mylinčių vaikų. Tuomet, net jeigu tik du žmonės garbina Dievą tuo pačiu metu vienoje vietoje, atsižvelgdamas į kiekvieno iš jų širdies būseną, Dievas gali priimti garbinimą iš vieno ir nepriimti iš kito. Net jeigu žmonės ateina į šventyklą ir šlovina Dievą, tai neduoda jokios naudos, jeigu Dievas pasako: „Aš nepriimu garbinimo iš jūsų."

4. Aukokite savo kūną kaip gyvą ir šventą auką

Mūsų gyvenimo tikslas yra Dievo garbinimas, todėl pagrindinį dėmesį turime skirti Jo šlovinimui ir gyventi nusiteikę garbinti Jį kiekvieną akimirką. Gyva ir šventa auka, kurią Dievas priima, šlovinimas dvasia ir tiesa, yra ne atėjimas į bažnyčią kiekvieną sekmadienį, nerūpestingai gyvenant pagal savo norus ir geidulius nuo pirmadienio iki šeštadienio. Esame pašaukti garbinti Dievą visada ir visose vietose.

Atėjimas į bažnyčią pašlovinti Dievą yra mūsų gyvenimo Dievo šlovei papildymas. Kadangi atskirtas nuo žmogaus gyvenimo Dievo garbinimas yra netikras, visas tikinčiojo gyvenimas turi būti dvasinis šlovinimas, aukojamas Dievui. Turime ne tik gražiai šlovinti Dievą šventykloje su Dievui patinkančiomis prasmingomis apeigomis, bet ir gyventi šventą ir tyrą gyvenimą, paklusdami visiems Dievo įsakymams savo kasdieniniame gyvenime.

Laiškas romiečiams 12, 1 sako: „Dėl Dievo gailestingumo raginu jus, broliai, aukoti savo kūnus kaip gyvą, šventą, Dievui patinkančią auką, kaip dvasinį garbinimą." Kaip Jėzus išgelbėjo visą žmoniją, paaukodamas savo kūną, Dievas nori, kad ir mes aukotume savo kūnus kaip gyvą ir šventą auką.

Be regimos šventyklos, kadangi Šventoji Dvasia, esanti viena su Dievu, gyvena mūsų širdyse, kiekvienas iš mūsų taip pat esame Dievo šventykla (Pirmas laiškas korintiečiams 6, 19-20). Turime kiekvieną dieną atsinaujinti tiesoje, saugoti save ir būti pašventinti. Kai Dievo žodis, malda, ir šlovinimas užvaldo širdį, ir savo gyvenime viską darome su širdimi, šlovinančia Dievą, mes aukojame savo kūnus kaip gyvą, šventą, Dievui patinkančią auką.

Prieš susitikdamas su Dievu buvau ligų pakirstas. Daugybę dienų praleidau beviltiškame sielvarte. Po septynerių metų, kuriuos praleidau nesikeldamas iš ligos patalo, turėjau didžiulę skolą ligonei už gydymą ir vaistus. Gyvenau skurde. Tačiau viskas pasikeitė, kai susitikau Dievą. Jis akimirksniu išgydė visas mano ligas, ir aš pradėjau gyvenimą iš naujo.

Apipiltas Jo malone pamilau Dievą labiau už viską. Viešpaties dieną pabusdavau auštant, išsimaudydavau vonioje ir apsivildavau švarius apatinius drabužius. Net jeigu šeštadienį buvau tik trumpai mūvėjęs kojinių porą, niekada nesimaudavau tų pačių kojinių, eidamas į bažnyčią kitą dieną. Taip pat visada rengiausi tik švariausius ir tvarkingiausius drabužius.

Nesakau, kad tikintieji turi būti madingai apsirengę, ateidami į bažnyčią Dievo garbinti. Jeigu tikintysis tikrai tiki ir myli Dievą, jis savaime kruopščiai pasiruoš, ateidamas Jo garbinti. Net ir neturtingai gyvendami, kiekvienas galime ir turime rūpestingai pasirūpinti savo išvaizda pagal savo galimybes.

Aš visada atsidėdavau aukojimui naujus, šiugždančius banknotus. Net ypatingais atvejais neliesdavau pinigų, atidėtų paaukojimui. Net Senojo Testamento laikais, kai žmonių galimybės buvo labai nevienodos, kiekvienas paruošdavo atnašą, prieš eidamas pas kunigą. Dievas tiesiai sako Išėjimo knygoje 34, 20: „Nė vienas nepasirodys mano akivaizdoje tuščiomis rankomis."

Išmokęs iš vieno evangelisto visada paruošdavau mažą ar didelę auką, eidamas į kiekvieną Dievo šlovinimo susirinkimą. Nors su vargu padengdavome mano skolos palūkanas iš mūsų su žmona uždarbių, nė karto neaukojome nenoriai ir nesigailėjome paaukoję. Kaip galėjome gailėtis, kai mūsų aukos buvo panaudotos sielų gelbėjimui ir Dievo karalystės ir Jo teisumo skelbimui?

Matydamas mūsų ištikimybę Dievas savo pasirinktu metu palaimino mus, leisdamas padengti milžinišką skolą. Pradėjau maldoje prašyti Dievo padaryti mane geru vyresniuoju, kuris galėtų finansiškai padėti vargšams ir rūpintis našlaičiais, našlėmis bei ligoniais. Tačiau Dievas netikėtai pašaukė mane būti pastoriumi ir vadovauti didžiulei bažnyčiai, kuri atneša išgelbėjimą nesuskaičiuojamai daugybei žmonių. Nors ir netapau vyresniuoju, suteikiu pagalbą daugybei žmonių ir esu apdovanotas Dievo galia, kuria gydau ligonius. Taip gavau daug daugiau, negu prašiau Dievo.

5. „Kol jumyse išryškės Kristaus atvaizdas"

Kaip tėvai uoliai triūsia ir stengiasi, augindami savo vaikus, taip reikia daug triūso, ištvermės ir pasiaukojimo žmogaus ugdymui tiesoje. Apaštalas Paulius sako Laiške galatams 4, 19: „Mano vaikeliai, kuriuos aš ir vėl su skausmu gimdau, kol jumyse išryškės Kristaus atvaizdas."

Pažinęs mylinčią širdį Dievo, kuriam viena siela brangesnė už viską visatoje ir kuris trokšta išgelbėti visus žmones, aš taip pat dedu visas pastangas, kad atvesčiau bent vieną žūstančią sielą į išganymo kelią, vedantį į Naująją Jeruzalę. Siekdamas ugdyti bažnyčios narių tikėjimą, kad jie taptų „tikrais vyrais pagal Kristaus pilnatvės amžiaus saiką" (Laiškas efeziečiams 4, 13), kiekvieną akimirką ir progą išnaudodavau maldai ir pamokslų ruošimui. Nors kartais man labai norėdavosi pasėdėti kartu su bažnyčios nariais ir linksmai pasikalbėti, būdamas ganytojas, atsakingas už kaimenės vedimą teisingi keliu, išsiugdžiau susilaikymą visose srityse ir vykdžiau Dievo man duotas pareigas.

Trokštu dviejų dalykų visiems tikintiesiems. Pirmas yra troškimas, kad kuo daugiau tikinčiųjų ne tik priimtų išgelbėjimą, bet ir gautų buveinę Naujojoje Jeruzalėje, šlovingiausioje Dangaus vietoje. Antras troškimas, kad visi tikintieji ištrūktų iš skurdo ir gyventų klestėdami. Kai bažnyčia patiria prabudimą, ir jos narių skaičius auga, daugėja ir žmonių, kuriems suteikiama finansinė pagalba ir išgydymas. Pasaulietiškai kalbant, nelengva pastebėti visus poreikius ir pasirūpinti visų bažnyčios narių reikmėmis. Jaučiu labai sunkią naštą, kai tikintieji daro nuodėmes, nes žinau, kad su kiekviena padaryta nuodėme tikintysis tolsta nuo Naujosios Jeruzalės. Kraštutiniais atvejais jis gali net prarasti išgelbėjimą. Tikintysis gali sulaukti atsakymų į maldas ir patirti dvasinį bei fizinį išgydymą, tik sugriovęs nuodėmės sieną tarp savęs ir Dievo. Atkakliai maldaudamas Dievą už nusidėjusius tikinčiuosius, negalėdavau miegoti, drebulio krečiamas liedavau ašaras ir išeikvojau neapsakomai daug energijos, daugybę valandų ir dienų praleidęs pasninke ir maldoje.

Priėmęs šias maldos atnašas Dievas daugybę kartų parodė savo gailestingumą žmonėms, net kai kuriems iš tų, kas anksčiau buvo neverti išgelbėjimo, siųsdamas atgailos dvasią, kad jie atsiverstų ir būtų išgelbėti. Taip pat Dievas praplatino išgelbėjimo vartus, kad nesuskaičiuojama daugybė žmonių visame pasaulyje išgirstų šventumo evangeliją ir patirtų bei priimtų antgamtiškus Dievo galybės darbus.

Kai matau daug tikinčiųjų, nuostabiai augančių tiesoje, be galo džiaugiuosi, būdamas pastoriumi. Kaip nekaltas, tobulas ir šventas Viešpats atidavė save kaip atnašą ir kvapią auką Dievui (Laiškas efeziečiams 5, 2), aš taip pat žengiu į priekį, aukodamas kiekvieną savo gyvenimo aspektą kaip gyvą ir šventą auką Dievui už Jo karalystę ir žmonių sielas.

Kai vaikai pagerbia savo tėvus per Motinos arba Tėvo dieną („Gimdytojų diena" Korėjoje) ir įteikia jiems dėkingumo dovanas, tėvai būna labai laimingi. Net jeigu dovanos jiems nepatinka, tėvai vis tiek džiaugiasi, nes gauna jas iš savo vaikų. Lygiai taip pat, kai Dievo vaikai atneša Jam garbę, dėdami visas pastangas iš meilės savo dangiškajam Tėvui, Jis džiaugiasi ir laimina juos.

Žinoma, nė vienas tikintysis neturi gyventi neatsakingai darbo dienomis ir rodyti savo pamaldumą tik sekmadieniais! Kaip Jėzus sako Evangelijoje pagal Luką 10, 27, kiekvienas tikintysis turi mylėti Dievą, visa širdimi, visa siela, visomis jėgomis bei visu protu ir aukoti save kaip gyvą ir šventą auką kiekvieną savo gyvenimo dieną. Tegul visi šios knygos skaitytojai, šlovindami Dievą dvasia ir tiesa bei skleisdami Jam malonų savo širdies kvapą, džiaugiasi visais gausiais palaiminimais, kuriuos gerasis Dievas jiems paruošė.

Autorius
Dr. Jaerock Lee

Dr. Jaerock Lee gimė 1943 metais Korėjos Respublikos Jonams provincijoje. Būdamas dvidešimties jis jau septynerius metus sirgo daugybe nepagydomų ligų ir laukė mirties, neturėdamas vilties pasveikti. Tačiau 1974 metais jo sesuo nusivedė jį į vieną bažnyčią, ir kai jis atsiklaupė pasimelsti, Gyvasis Dievas iš karto išgydė jį nuo visų ligų.

Nuo tos akimirkos, kai dr. Lee susitiko su Gyvuoju Dievu, jis pamilo Dievą visa savo širdimi ir 1978 m. jis buvo pašauktas Dievo tapti Jo tarnu. Jis karštai meldėsi, norėdamas aiškiai sužinoti Dievo valią, visiškai ją įvykdyti ir paklusti visam Dievo Žodžiui. 1982 m. jis įsteigė Manmin centrinę bažnyčią Seule, Korėjoje, ir nuo to laiko joje vyksta nesuskaičiuojami Dievo darbai – antgamtiški išgydymai ir stebuklai.

1986 m. kasmetinės Korėjos Jėzaus Bažnyčios „Sunkiu" asamblėjos metu dr. Lee buvo įšventintas pastoriumi, o 1990 m. – praėjus tik ketveriems metams – jo pamokslai buvo transliuojami Australijoje, Rusijoje, Filipinuose ir daugelyje kitų šalių Tolimųjų Rytų radijo transliacijų kompanijos, Azijos radijo transliacijų stoties ir Vašingtono krikščionių radijo sistemos dėka.

Po trejų metų, 1993, Manmin centrinė bažnyčia buvo išrinkta Amerikos žurnalo „Christian World" viena iš „50 geriausių pasaulio bažnyčių", ir jis gavo teologijos garbės daktaro laipsnį Krikščionių Tikėjimo Koledže, Floridoje, JAV, o 1996 m. Teologijos seminarijos „Kingsway" (Ajova, JAV), dvasinės tarnystės daktaro laipsnį.

Nuo 1993 m. dr. Lee tapo pasaulinių misijų lyderiu, rengdamas daug evangelizacinių kampanijų Tanzanijoje, Argentinoje, Los Andžele, Baltimorėje, Havajuose, Niujorke, Ugandoje, Japonijoje, Pakistane, Kenijoje, Filipinuose, Hondūre, Indijoje, Rusijoje, Vokietijoje, Peru, Kongo Demokratinėje Respublikoje, Izraelyje ir Estijoje.

2002 m. Korėjos pagrindinių krikščioniškų laikraščių už savo veiklą įvairiose Didžiosiose jungtinėse evangelizacinėse kampanijose jis buvo pavadintas „pasaulinio masto pastoriumi". Jis surengė „Niujorko evangelizacinę kampaniją 2006" garsiausioje pasaulio arenoje „Madison Square Garden." Šis renginys buvo transliuojamas 220 tautų, o savo „Izraelio vieningoje evangelizacinėje kampanijoje 2009", kuri vyko

Jeruzalės tarptautiniame konvencijų centre (ICC), jis drąsiai skelbė, kad Jėzus Kristus yra Mesijas ir Gelbėtojas.

Jo pamokslai transliuojami į 176 šalis per palydovus, įskaitant GCN TV. Populiarus Rusijos krikščioniškas žurnalas „Pergalėje" ir naujienų agentūra „Christian Telegraph" už jo tarnystę per TV ir misionierišką veiklą įtraukė jį į įtakingiausių krikščionių vadovų dešimtuką 2009 ir 2010 metais.

2013 metų gegužės mėnesio duomenimis, Manmin Centrinei Bažnyčiai priklauso daugiau negu 120 000 narių. Visame pasaulyje yra 10 000 dukterinių bažnyčių, įskaitant 56 vietos bažnyčias, daugiau negu 129 misionieriai buvo paskirti darbui 23 šalyse, įskaitant Jungtines Valstijas, Rusiją, Vokietiją, Kanadą, Japoniją, Kiniją, Prancūziją, Indiją, Keniją ir daug kitų šalių.

Šios knygos išleidimo metu, Dr. Lee buvo parašęs 85 knygas, įskaitant bestselerius „Patirti amžinąjį gyvenimą anksčiau už mirtį", „Mano gyvenimas, mano tikėjimas 1 ir 2", „Kryžiaus žinia", „Tikėjimo mastas", „Dangus 1 ir 2", „Pragaras" ir „Dievo jėga". Jo darbai išversti į daugiau negu 75 kalbas.

Jo krikščioniški straipsniai spausdinami šiuose leidiniuose: „The Hankook Ilbo", „The JoongAng Daily", „The Dong-A Ilbo", „The Munhwa Ilbo", „The Seoul Shinmun", „The Kyunghyang Shinmun", „The Hankyoreh Shinmun", „The Korea Economic Daily", „The Korea Herald", „The Shisa News" ir „The Christian Press".

Šiuo metu Dr. Lee yra daugelio misijų organizacijų ir asociacijų vadovas: Jėzaus Kristaus jungtinės šventumo bažnyčios pirmininkas, Manmin pasaulinės misijos pirmininkas, Pasaulinės krikščionybės prabudimo misijų asociacijos nuolatinis pirmininkas, Manmin, Pasaulinio krikščionių tinklo (GCN) steigėjas ir tarybos pirmininkas, Pasaulio krikščionių gydytojų tinklo (WCDN) steigėjas ir tarybos pirmininkas, Tarptautinės Manmin seminarijos (MIS) steigėjas ir tarybos pirmininkas.

Kitos vertingos to paties autoriaus knygos

Dangus I & II

Žavios gyvenimo aplinkos, kurioje gyvena Dangaus piliečiai, detalus aprašymas ir puikus skirtingų dangaus karalystės lygių pavaizdavimas.

Žinia apie Kryžių

Stiprus ir širdį žadinantis pamokslas visiems, kurie dvasiškai užmigo. Skaitydami šią knygą sužinosite, kodėl Jėzus yra mūsų vienintelis Išgelbėtojas ir patirsite tikrą Dievo meilę.

Pragaras

Nuoširdus pamokslas visiems žmonėms nuo paties Dievo, kuris nori, kad nei viena siela nepatektų į pragaro gelmes! Sužinosite apie visai Jums nepažįstamą pragaro gelmių realybę.

Dvasia, Siela ir Kūnas I & II

Dvasiškai supratę dvasią, sielą ir kūną, kurie yra sudedamosios žmonių dalys, skaitytojai galės pažvelgti į save ir suprasti žmonių gyvenimą. Ši knyga rodo skaitytojams, kaip tapti dieviškosios prigimties dalininkais ir gauti visus Dievo pažadėtus palaiminimus.

Tikėjimo Saikas

Kokia buveinė, karūna ir apdovanojimai laukia Jūsų Danguje? Ši knyga išmintingai ir kryptingai padės Jums nustatyti savo tikėjimo saiką ir išugdyti geriausią ir brandžiausią tikėjimą.

Pabusk, Izraeli

Kodėl Dievas nenuleidžia Savo akių nuo Izraelio nuo pat pasaulio pradžių iki šios dienos? Koks Jo planas yra paruoštas Izraeliui paskutinėmis dienomis, kai jie laukia Mesijo?

Mano Gyvenimas, Mano Tikėjimas I & II

Gardžiausias dvasinis aromatas, sklindantis iš gyvenimo, kuris žydėjo neprilygstama meile Dievui tamsių bangų, šalto jungo ir neapsakomos nevilties laikais.

Dievo Jėga

Šią knygą būtina perskaityti tiems, kurie ieško atsakymų į tai, kaip įgyti tikrą tikėjimą ir patirti stebuklų kupiną Dievo jėgą.

www.urimbooks.com

www.ingramcontent.com/pod-product-compliance
Lightning Source LLC
LaVergne TN
LVHW021827060526
838201LV00058B/3538